中国汽车动力电池及氢燃料电池产业发展年度报告

2019—2020年

国联汽车动力电池研究院有限责任公司/组编

董扬/主编

《中国汽车动力电池及氢燃料电池产业发展年度报告 2019—2020 年》对国内外新能源汽车、动力电池和氢燃料电池产业的发展现状进行了深入剖析，全面覆盖动力电池关键材料、系统、回收、装备等产业链各环节，并就当前产业发展形势下新能源汽车技术演变、动力电池成本、安全、标准建设、新技术等热点问题进行了系统梳理。此外，本报告借助数据模型，综合考虑政策、市场等各方面影响因素，对 2020 年我国新能源汽车和动力电池产业规模进行了科学预测和量化分析。

图书在版编目（CIP）数据

中国汽车动力电池及氢燃料电池产业发展年度报告：2019—2020 年 / 国联汽车动力电池研究院有限责任公司组编；董扬主编 . —北京：机械工业出版社，2020.10

ISBN 978-7-111-66712-4

Ⅰ.①中⋯ Ⅱ.①国⋯ ②董⋯ Ⅲ.①新能源 – 汽车 – 研究报告 – 中国 – 2019—2020 ②汽车 – 氢燃料 – 燃料电池 – 研究报告 – 中国 – 2019—2020 Ⅳ.① U469.7 ② U463.63

中国版本图书馆 CIP 数据核字（2020）第 188194 号

机械工业出版社（北京市百万庄大街 22 号 邮政编码 100037）
策划编辑：何士娟 责任编辑：何士娟
责任校对：张景丽 责任印制：李 昂
北京铭成印刷有限公司印刷
2020 年 11 月第 1 版第 1 次印刷
169mm×239mm · 13.25 印张·2 插页·176 千字
0 001—1 000 册
标准书号：ISBN 978-7-111-66712-4
定价：138.00 元

电话服务　　　　　　　网络服务
客服电话：010-88361066　机 工 官 网：www.cmpbook.com
　　　　　010-88379833　机 工 官 博：weibo.com/cmp1952
　　　　　010-68326294　金 书 网：www.golden-book.com
封底无防伪标均为盗版　机工教育服务网：www.cmpedu.com

中国汽车动力电池及氢燃料电池产业发展年度报告 2019—2020年

编委会

顾问专家

干 勇	中国工程院院士
李 骏	中国工程院院士
吴 锋	中国工程院院士
衣宝廉	中国工程院院士
欧阳明高	中国科学院院士
屠海令	中国工程院院士
瞿国春	工业和信息化部装备工业发展中心主任
王秉刚	电动汽车行业资深专家
侯福深	中国汽车工程学会副秘书长
付炳锋	中国汽车工业协会常务副会长
卢世刚	国家动力电池创新中心首席专家
吴志新	中国汽车技术研究中心有限公司副总经理
来小康	中国电科院电工与新材料研究所资深专家
艾新平	武汉大学教授
夏定国	北京大学教授
王 芳	中国汽车技术研究中心有限公司首席专家

肖成伟	中国电子科技集团第十八研究所研究员
邱　彬	工业和信息化部装备工业发展中心处长
原诚寅	国家新能源汽车技术创新中心总经理
高步文	中国铁塔股份有限公司原副总经理
郑　郧	张家港清研再制造产业研究院常务副院长
王德平	中国一汽集团新能源汽车研究院院长
朱　军	上海汽车集团股份有限公司技术中心副主任
吴杰余	东风汽车公司技术中心新能源汽车研究部总师
潘成久	华晨汽车集团控股有限公司高级技术总监
吴　凯	宁德时代新能源科技有限公司首席科学家
任建国	深圳贝特瑞新能源材料股份有限公司执行总经理
缪文泉	上海智能新能源汽车科创功能平台有限公司总经理
阳如坤	深圳吉阳智能科技有限公司董事长
林　琦	上海重塑能源科技有限公司董事长
杨续来	合肥学院教授
李　旭	湖南杉杉能源科技股份有限公司副总经理
胡　进	湖南杉杉能源科技股份有限公司首席技术官
匡德志	湖南科霸汽车动力电池有限责任公司总工程师
乐艳飞	苏州UL美华认证有限公司首席工程师

（以上排名不分先后）

主　编

董　扬　　中国汽车动力电池产业创新联盟理事长

副主编

许艳华　　中国汽车动力电池产业创新联盟秘书长
王子冬　　中国汽车动力电池产业创新联盟副秘书长

编委会
EDITORIAL BOARD

执笔人

马小利	王 耀	邹 朋	曹国庆	刘 岩	黄 斌	张文静
张志邦	孟祥峰	郭永胜	徐 倩	尚 蛟	李 尧	朱 健
庞天舒	刘万祥	彭海丽	陈南敏	殷劲松	涂 蔷	郑博文
刘阿密	高 雷	林春景	姜成龙	王鼎乾	周旺发	王松岩
何 亮	乐艳飞	张哲弛	邓素祥	陈少杰	胡 进	陈雄辉
林 辉	商国平	王 培	尹艳萍	黄 倩	沈雪玲	王 琳
林羽泽	张 莹	王 维	朱 龄	燕希强	魏 蔚	吴 涯
魏青龙	王晓华	孔玉蓉	周冉达	王 博	赵吉诗	王美燕
王建涛	刘进萍	高哲峰	胡 博	李 宁	云凤玲	刘丙学
赵尚骞						

指导及支持单位

指导单位

中华人民共和国工业和信息化部
工业和信息化部装备工业一司
工业和信息化部科技司
工业和信息化部产业政策司
工业和信息化部节能与综合利用司
工业和信息化部原材料司
工业和信息化部国际合作司

支持单位

中华人民共和国科学技术部
中华人民共和国财政部
中华人民共和国发展和改革委员会
国家能源局
工业和信息化部装备工业发展中心
中国汽车工业协会

赞助单位

乐金化学（中国）投资有限公司
大连松下汽车能源有限公司

联合编制机构及企业

工业和信息化部装备工业发展中心
国联汽车动力电池研究院有限责任公司
华泰证券股份有限公司
中国汽车技术研究中心有限公司
宁德时代新能源科技股份有限公司
深圳市贝特瑞新能源材料股份有限公司
深圳吉阳智能科技有限公司
东软睿驰汽车技术（沈阳）有限公司
张家港清研检测技术有限公司
中国铁塔股份有限公司
上海重塑能源科技有限公司
苏州 UL 美华认证有限公司
湖南杉杉能源科技股份有限公司
湖南科霸汽车动力电池有限责任公司
浙江华友循环科技有限公司
大连松下汽车能源有限公司
LG 化学
蜂巢能源科技有限公司
江苏国富氢能技术装备有限公司

前言
FOREWORD

2019年，我国新能源汽车市场增速放缓，动力电池产业也随之降速，新能源汽车领先地位受到挑战。

近年来，随着新能源汽车产业快速发展，我国动力电池在生产规模和产品性能上均呈现较大幅度提升，成本不断下降，有力地支撑了我国新能源汽车的发展，国际竞争力也日益增强。但由于新能源汽车整车成本仍高于燃油车、补贴大幅下降以及汽车整体市场连续18个月负增长等因素的影响，在2019年，我国新能源汽车第一次出现负增长，对动力电池产业发展产生了负面影响，企业降本增效的压力和挑战进一步加大：一是上游原材料的价格波动对动力电池的成本影响较大，二是电池性能提升和降成本的矛盾进一步深化；三是企业收益下降，关键技术、材料、高性能产品的研发投入能力下降。

从国际竞争来看，欧洲、日本、韩国等国家和地区加快动力电池技术和产业化发展步伐，我国产业面临的外部竞争日益激烈。欧盟力推的巴斯夫、雷诺、戴姆勒、西门子等企业发起成立的"欧洲电池联盟"，目前已有来自政府部门、矿产资源、电池材料、动力电池及金融机构等领域的250多家单位参与；2019年以来，德国重点在动力电池领域加大支持力度，加速推动进程。2019年5月，德国和法国决定建立第一个欧洲电池产业联盟，德国欧宝汽车、法国标致雪铁龙集团及法国电池制造商帅福得均为其成员；2019年9月，德国联邦经济和能源部宣布，欧洲九国决定建立第二个欧洲电池产业联盟。此外，传统汽车企业，例如大众汽车集团也与电池制造企业联合组建电池联盟，计划加大欧洲电池产业投入，减少对亚洲电池的依赖；在亚洲，韩国LG化学、SKI和三星SDI及日本松下等电池企业加速拓展中国市场。LG与吉利汽车组建合资公司；SKI与北京汽车、北京电子控股成立动力电池工厂，三星环新扩大产能，投资上百亿元，在西安、天津建设动力电池工厂；日本松下大连工厂2020年正式投产，并于5月在江苏新建动力电池工厂。据不完全统计，韩国LG化学、SKI、三星SDI和日本松下四家企业投资已超600亿元，在我国布局动力电池产能超85GW·h，全部投产后可满足200万辆新能源乘用车的配套需求，这将对我国动力电池产业格局产生巨大影响。

2019年新能源汽车及动力电池产业主要呈现以下特点：

（1）新能源汽车产量出现首次下滑

2019年共计生产117.69万辆（其中，乘用车102.28万辆，客车7.98万辆，专用车7.43万辆，以乘用车为市场主体；乘用车中纯电动汽车为84.39万辆，插电式混合动力汽车为17.89万辆，分别占乘用车总量的82.51%和17.49%）同比下降3.56%。全年总体出现下滑主要受补贴退坡的影响。整车企业产品开发和市场销售与政策导向有较强关联性，产业正逐步由政策导向型向消费者需求型转变。

（2）动力电池装车量保持增长

2019年，尽管新能源汽车销量出现首次下滑，但随着单台车平均带电量的增加，全年动力电池装车量仍呈现正增长，装车量共计62.2GW·h，同比增长9.2%。其中，三元电池装车量为40.5GW·h，磷酸铁锂电池为20.2GW·h，锰酸锂电池为0.5GW·h，钛酸锂电池为0.4GW·h，三元电池仍占据市场主体地位。

（3）动力电池产业集中度进一步提高

随着补贴大幅度退坡和市场对电池产品质量要求的进一步提高，2019年国内新能源汽车市场共计79家动力电池企业实现装车配套，相比2018年减少14家，排名前3、前5、前10的动力电池企业动力电池装车量分别为45.6GW·h、49.2GW·h和54.7GW·h，占总装车量的百分比分别为73.4%、79.1%和87.9%，行业集中度明显上升。

（4）动力电池能量密度进一步提升，成本进一步下降

三元电池和磷酸铁锂电池的能量密度最高分别达到182W·h/kg和145W·h/kg，同比增长10.3%和2.3%；以宁德时代、天津力神为代表的300W·h/kg单体电池技术已取得显著进展；新能源汽车市场受补贴降低影响，整车企业将压力向上游传导，倒逼动力电池企业进一步降低成本，2019年，三元电池和磷酸铁锂电池的单体成本已分别降至0.65元/W·h和0.57元/W·h左右。

（5）产业高度注重动力电池安全性

据不完全统计，2019年电池起火事故有70余起，事故比例有上升趋势。尽管整车安全涉及多个方面，不能单单归咎于某个技术环节，但整车安全控制技术、电池安全技术、热扩散控制技术以及充电安全预警技术已成为产业能否高质量发展的关键所在。

（6）动力电池梯次及回收利用产业向好

2019年，在政策和回收市场双重推动下，我国动力电池回收及梯次应用产业链环节进一步完善。汽车企业作为回收利用责任主体，通过多种形式构建回收体系，目前回收网点主要集中在京津冀、长三角、珠三角及中部地区，广东省、江苏省、浙江省、上海市等走在试点前列。

（7）燃料电池产业总体符合预期

2019年，我国燃料电池汽车共计生产3022辆，其中，货车产量为1682辆，客车产量为1340辆，产业总体基本按照预期增长。燃料电池汽

车产业链条仍不成熟，基础设施建设法规和安全监管体系有待优化，整车企业的相关规划还不具有连贯性，产业发展仍需政策进一步引导。

本年度报告涉及新能源汽车及动力电池宏观产业、行业政策、市场信息等多个维度，限于编者的知识覆盖面，如有疏漏和不足之处，敬请谅解。

前言

第1章
2019年新能源汽车产业发展总体情况

1.1 2019年我国新能源汽车产业发展现状 1

1.2 2019年我国新能源汽车产业发展特点 7

1.3 2020年新能源汽车市场规模预测 18

第2章
2019年动力电池产业发展总体情况

2.1 我国动力电池市场供需格局 21
    2.1.1 2019年我国动力电池市场供给情况 21
    2.1.2 2019年我国动力电池市场需求情况 24
    2.1.3 我国动力电池产业发展趋势预测 31

2.2 我国动力电池配套企业竞争格局 42
    2.2.1 不同车型的配套企业情况 43
    2.2.2 地域分布情况 48

2.3 动力电池成本分析 50

2.4 动力电池产业投资情况 56

2.5 动力电池标准建设情况 60
    2.5.1 国家标准及行业标准 61
    2.5.2 团体标准 71
    2.5.3 国际标准 73

2.6 动力电池安全防护分析...74
    2.6.1 我国动力电池产业安全整体形势.................. 74
    2.6.2 动力电池的安全风险和主要防护手段.............. 76
    2.6.3 对于安全防护未来发展的建议...................... 81

2.7 国际新能源汽车及动力电池产业发展总体情况........ 83
    2.7.1 日本新能源汽车及动力电池产业发展情况...... 83
    2.7.2 韩国新能源汽车及动力电池产业发展情况...... 87
    2.7.3 欧洲新能源汽车及动力电池产业发展情况...... 90

第3章
动力电池产业链重点细分领域发展情况

3.1 动力电池关键材料技术及产业发展情况...............97
    3.1.1 高镍三元正极材料技术与产业化发展情况....... 97
    3.1.2 硅碳负极材料技术及产业发展情况.................114

3.2 电池系统产业发展情况..................116
    3.2.1 电池系统产业化情况...116
    3.2.2 电池系统技术发展趋势..........................120

3.3 我国动力电池梯次利用及回收应用情况...........121
    3.3.1 动力电池梯次利用产业发展现状......................121
    3.3.2 动力电池再生利用产业发展现状......................125
    3.3.3 产业未来发展趋势预测..........................128

3.4 动力电池制造及关键装备发展概况...............133
    3.4.1 动力电池制造要求...133
    3.4.2 动力电池关键核心装备发展现状......................134
    3.4.3 产业发展机遇与挑战..136

3.5 固态电池技术发展状况..................137
    3.5.1 固态电池概述...........137
    3.5.2 固态电池企业布局情况..........................144
    3.5.3 固态电池大规模推广应用存在的难点.............145
    3.5.4 固态电池未来发展趋势..........................146

第4章
氢燃料电池产业发展情况及运行特点

4.1 2019年燃料电池汽车产业总体情况 149
    4.1.1 市场发展情况 149
    4.1.2 政策动向 157
    4.1.3 整车技术水平 160
    4.1.4 汽车企业发展战略分析 162
    4.1.5 市场发展趋势预测 167

4.2 2019年燃料电池汽车核心部件产业总体情况 169
    4.2.1 燃料电池系统及核心部件发展情况 169
    4.2.2 燃料电池电堆及核心部件发展情况 174
    4.2.3 车载储氢系统发展情况 ... 182
    4.2.4 国内外燃料电池及关键零部件标准现状及对比 ... 185

4.3 2019年氢能供应体系建设情况 187
    4.3.1 制氢发展情况 187
    4.3.2 储运发展报告 189
    4.3.3 加氢站发展情况 191

第 1 章　2019 年新能源汽车产业发展总体情况

1.1　2019 年我国新能源汽车产业发展现状

2019 年新能源汽车产量首次出现同比下滑。

2019 年新能源汽车产量共计 117.69 万辆，同比下降 3.56%，补贴退坡为主要影响因素。从结构上看，新能源乘用车产量共计 102.28 万辆，同比增长 1.5%，占新能源汽车总量的 86.91%，较 2018 年增长速度放缓，纯电动车型在乘用车中的占比从 2018 年的 74.64% 上涨至 2019 年的 82.51%，续驶里程增长提升了纯电动汽车的市场竞争力，纯电动车型占比稳步提升。2019 年新能源商用车产量为 15.41 万辆，同比下降了 27.7%。2018 年及 2019 年新能源汽车产量情况如图 1-1 所示。

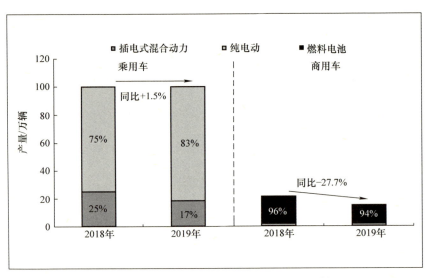

图 1-1 2018 年及 2019 年新能源汽车产量情况

注：柱状图内数字代表使用该类车型的占比，箭头附近数字代表该类车型的同比增速。

图片来源：创新联盟，华泰证券研究所

补贴过渡期后，乘用车和商用车产量同比均明显下滑。

2019 年新补贴政策在 6 月 25 日以后正式生效，2019 年下半年新能源汽车产量为 56.81 万辆，同比下降 32.32%，较上半年下降 6.66%。其中，乘用车产量为 47.04 万辆，同比下降 30.9%，较上半年下降 14.9%，补贴退坡影响显著；商用车产量为 9.78 万辆，同比下降 38.38%，较上半年上升 73.75%，主要由于商用车属于生产资料，私人消费特征不明显，受补贴影响较小。2019 年下半年新能源汽车产量同比情况如图 1-2 所示，2019 年下半年新能源汽车产量环比情况如图 1-3 所示。

新能源整车市场集中度较 2018 年有所下降。

从整车市场集中度看，2019 年前五名车企产量占比为 38.38%，较 2018 年降低 8.85%，市场集中度有所下降。产量排名前五车企依次为比亚迪、北汽、宇通客车、江淮汽车、东风汽车，合计产量为 45.17 万辆。2019 年我国主要车企新能源汽车生产总体情况如图 1-4 所示。

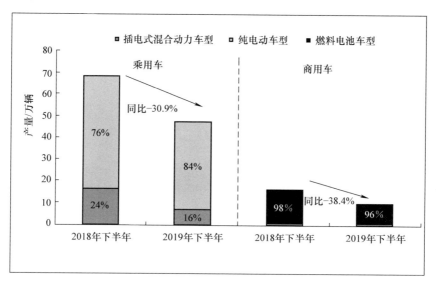

图 1-2 2019 年下半年新能源汽车产量同比情况

图片来源：创新联盟，华泰证券研究所

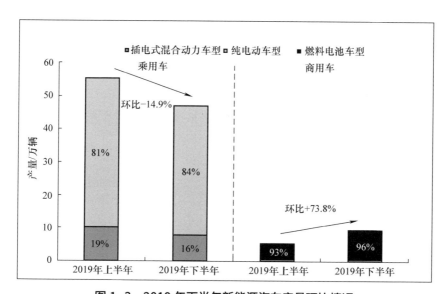

图 1-3 2019 年下半年新能源汽车产量环比情况

图片来源：创新联盟，华泰证券研究所

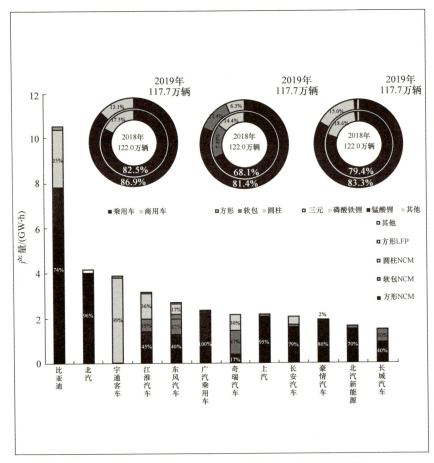

图 1-4 2019 年我国主要车企新能源汽车生产总体情况

图片来源：创新联盟，华泰证券研究所

补贴过渡期后整车产量下滑，行业格局已有调整迹象。

2019 年下半年前五名车企产量占比为 34.45%，同比下降 9.98%，行业集中度显著下降。2019 年过渡期后，原有畅销车型产量承压，对行业集中度下降有一定影响，行业格局调整迹象已经出现。2019 年下半年我国主要车企新能源汽车生产总体情况如图 1-5 所示。

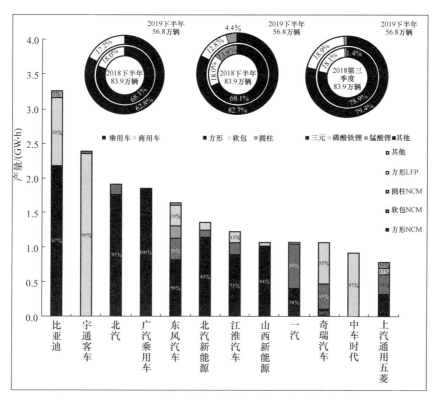

图1-5 2019年下半年我国主要车企新能源汽车生产总体情况

图片来源：创新联盟，华泰证券研究所

2019年A00级纯电动轿车承压明显，A级纯电动轿车表现较好。

2019年纯电动轿车产量为77.69万辆，占新能源乘用车总产量的76.0%。其中A00级轿车由于过渡期后获取大额补贴难度加大，2019年产量共计19.8万辆，同比下降39.4%；A级车由于车内电池布置空间较大，续驶里程长，单车获得补贴额度相对较高，车企推新车型的意愿较强，2019年共计生产44.2万辆，同比增长100.4%，仍保持增长趋势；B+车型受补贴退坡影响较大，2019年产量同比下降55.6%。2018年及2019年各类纯电动乘用车产量情况如图1-6所示。2018年及2019年下半年各类纯电动乘用车产量情况如图1-7所示。

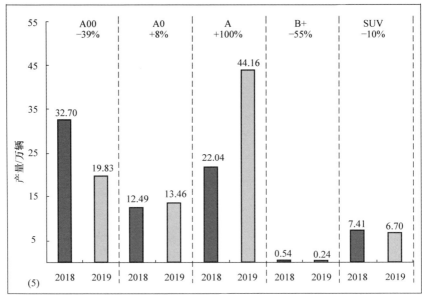

图 1-6　2018 年及 2019 年各类纯电动乘用车产量情况

注：图片上方字母为车辆级别，数字为 2019 年同比增速。

图片来源：创新联盟，华泰证券研究所

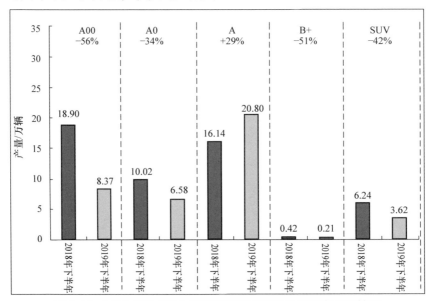

图 1-7　2018 年及 2019 年下半年各类纯电动乘用车产量情况

注：图片上方字母为车辆级别，数字为 2019 年下半年同比增速。

图片来源：创新联盟，华泰证券研究所

纯电动SUV车型方面，2019年全年纯电动SUV车型共计生产6.7万辆，同比下降9.6%。

因2019年下半年补贴下降幅度远高于2018年，SUV车型在上半年便出现抢装现象，2019年纯电动SUV季度间的产量差异较小。2018年及2019年各季度纯电动SUV产量情况如图1-8所示。

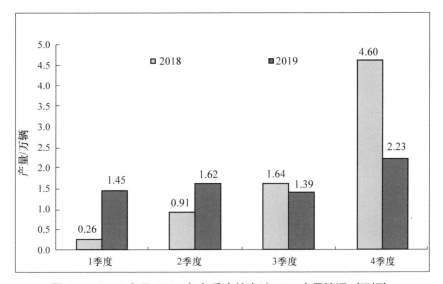

图1-8　2018年及2019年各季度纯电动SUV产量情况（万辆）

图片来源：创新联盟，华泰证券研究所

1.2　2019年我国新能源汽车产业发展特点

2019年3月26日，财政部发布了2019年新的补贴政策，与以往相比，主要变化包括：

1）整体退坡幅度超过以往。

2）纯电动乘用车续驶里程从四档变成两档，进一步体现有关部门对高性能、高性价比两条路线的支持。下面通过深挖各级别乘用车的续驶里程、百公里耗电量、能量密度、冷却方式等边际变化，同时结合排名前十热销乘用车型和外资企业布局情况，来深入研究新能源汽车产业的发展特点和各细分市场升级方向。

在续驶里程方面，前期补贴政策是续驶里程的主要影响因素，A00 车辆以满足基本门槛为主。

2017—2018 年纯电动乘用车的续驶里程变化呈现出明显的政策驱动特点，2018 年新能源汽车财政补贴政策对车型续驶里程要求有所提升并设置了缓冲期，因此大部分车企均在补贴政策正式执行前对车型进行升级，以保证其可以延续以往的补贴标准或获得更高一档补贴。各个级别的纯电动乘用车的续驶里程升级需同时考虑所需增加的带电量（投入）和所增加的补贴额度（产出）。

在纯电动轿车方面，2019 年续驶里程的变化仍体现出政策引导作用，A00 级别车辆维持在最低补贴档位，其余车型仍持续提高续驶里程。

2019 年第四季度续驶里程接近 300km 的 A00 级别纯电动轿车按照 2019 年新补贴标准，可拿到 1.8 万元的补贴。考虑车辆可布局动力电池空间及 0.7 万元的补贴差额，A00 级别车辆将以满足基本需求为主，续驶里程在 250km 的补贴门槛以上波动，部分 A00 级别车或采用紧贴 250km 门槛的策略；A0 车型当前续驶里程接近 400km。在补贴激励下，未来 A0 型纯电动汽车整体续驶里程或进入 400km 以上区间；A 和 B+ 级别纯电动轿车续驶里程已超过 400km，能够拿到 2.5 万元的补贴，其中 B+ 车型定位中高端市场，续驶里程在 2019 年第四季度持续提升，市场驱动特征明显。相比 A0 和 A 型车，感知收益（指终端顾客在交易中或通过消费实际感觉到的物质收益和精神收益的总和）为 B+ 级别车辆续驶里程提升的主要激励因素。高续驶里程能够显著降低消费者的里程焦虑，B+ 级别纯电轿车的续驶里程或将继续提升。

在纯电动 SUV 方面，2019 年纯电动 SUV 车型的续驶里程稳步提升，当前已位于最高补贴区间。

SUV型乘用车车内空间较大,能够给消费者带来更好的乘车体验,也是新能源车企的力推方向,比亚迪唐、广汽传祺AION LX、蔚来ES8/ES6和威马EX5等畅销车型均采用SUV造型。车辆升级叠加新车型推广,2019年SUV的续驶里程稳步提升,第四季度平均续驶里程达到440.36km,满足2.5万元的补贴门槛要求。随着高续驶里程的新车型进一步在市场推广,SUV乘用车的平均续驶里程或仍处于上升区间。以装机量加权平均的纯电动车型续驶里程的变化如图1-9所示。

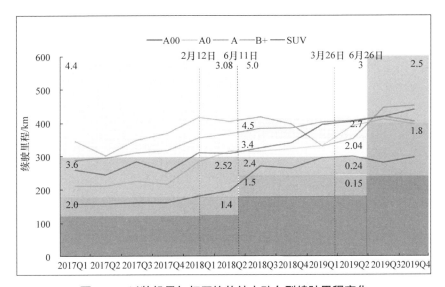

图1-9 以装机量加权平均的纯电动车型续驶里程变化

注:① 各级别乘用车续驶里程根据电池联盟车型产量数据,以装机量加权方式测算。
② 图中虚线中间区域为补贴过渡期,背景中数字为各时期该级别续驶里程车辆所获的补贴额度(万元)。
③ Q1指1季度,Q2指2季度,Q3指3季度,Q4指4季度。
图片来源:创新联盟,华泰证券研究所

百公里耗电量是设计与性能的综合体现,大部分车型处于1倍补贴区间。

2019年我国新能源汽车百公里耗电量整体下降,耗电优化比例分化。

百公里耗电量是整车设计能力和电池性能的综合体现，补贴政策根据不同车型重量设置了百公里能耗优化的基准，给予能耗优于基准能耗 10%~20% 汽车的 0.8 倍补贴、20%~35% 汽车的 1 倍补贴、35% 以上汽车的 1.1 倍补贴。2019 年百公里耗电量整体呈现稳中有降的趋势，体现了新能源汽车向低能耗发展的方向。能耗优化比例考虑了汽车质量因素，决定了新能源汽车耗电补贴的乘数。2019 年优化水平整体亦呈现提升趋势，A00 型车辆的优化比例在第三季度有所下降，主要是补贴下降、权衡 0.1 倍补贴和高优化水平汽车价格后，由三季度低优化水平的 A00 型纯电动轿车销售占比增加所致，四季度 A00 型纯电动轿车优化比例重回 1 倍补贴区间。

在纯电动轿车方面，A00A0 和 A 型车集中于 1 倍补贴区间，B/C 型车能耗选择或更加多元。

补贴政策对新能源汽车百公里耗电量设置了门槛，根据汽车实际能耗优于门槛的比例，提供对应系数的补贴。A0 和 A 型车在 2019 年第四季度优于门槛能耗比例，在 20%~35% 区间，能够拿到 1 倍补贴，其中 A 型车汽车能耗优于门槛的比例最高，第四季度已经达到 30%。整体看，B+ 级等大型车辆售价较高，消费者价格敏感性相对较低，乘车体验对于消费者的感知收益影响更为明显。车企对于 B+ 级纯电动轿车开发选择或更倾向于多样性，2019 年第四季度 B+ 级纯电动轿车优于门槛能耗比例为 17%，部分主打环保和低能耗的车型或有较高动力对汽车能耗水平进行优化。

在纯电动 SUV 方面，2019 年纯电动 SUV 车型能耗优化比例呈现提升态势，当前处于 1 倍区间。

纯电动 SUV 的能耗优于门槛的比例亦呈现提升态势，受新车型放量带动，四季度优化比例显著提升。截至 2019 年第四季度，纯电动 SUV 能耗优于门槛的比例为 25%，能够拿到 1 倍补贴。随着新车放量以及新推出车型持续优化能耗水平，纯电动 SUV 能耗优于门槛的比例或将持续提升。2019 年前四季度各类纯电动乘用车的百公里能耗统计如图 1-10 所示，2019 年前四季度各类纯电动乘用车平均百公里能耗优于门槛的比例如图 1-11 所示。

第1章
2019年新能源汽车产业发展总体情况

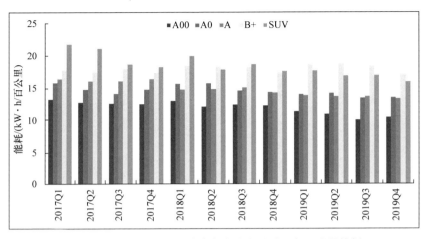

图 1-10　2019年前四季度各类纯电动乘用车百公里能耗

注：1. 各级别乘用车百公里能耗根据电池联盟车型产量数据，以装机量加权方式测算。
　　2. Q1~Q4分别表示1季度~4季度。
图片来源：创新联盟，华泰证券研究所

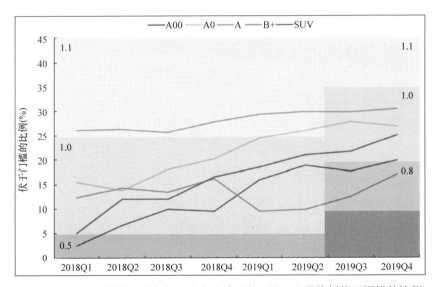

图 1-11　2019年前四季度各类纯电动乘用车平均百公里能耗优于门槛的比例

注：① 各级别乘用车百公里能耗根据创新联盟车型产量数据，以装机量加权方式测算。
　　② 背景中数字为各时期该级别车辆平均百公里能耗优于门槛比例所获的补贴倍数。
　　③ Q1~Q4分别表示1季度~4季度。
图片来源：创新联盟，华泰证券研究所

在系统能量密度方面，电池选择区域分化，市场驱动或为提升主动力。

2019 年补贴政策提高了对能量密度的要求，125（含）~140W·h/kg 的车型按 0.8 倍补贴，140（含）~160W·h/kg 的车型按 0.9 倍补贴，160W·h/kg 及以上的车型按 1 倍补贴。截至 2019 年第四季度，纯电动乘用车能量密度处于 0.9 倍系数范围，SUV、A 型车和 B+ 型车的平均能量密度接近 160W·h/kg 的门槛。

各种不同配比的三元材料价差较高，下游市场需求将是未来能量密度提升的主要动力。

目前将电池正极材料升级为 NCM811 是三元电池系统能量密度提升、车型获得更高一档补贴的主要方式。但受限于 NCM811 产品供给有限、体系安全性有待提高等原因，其实际搭载量较少。根据 CIAPS 数据，截至 2019 年 12 月 31 日，811 型正极材料价格为 18.3 万~18.8 万元/吨，仍与 622 型正极材料 13.2 万~13.5 万元/吨有较大差距。以 2.5 万元的补贴标准计算，进入高一级别补贴标准的增量收益是 2500 元，增量补贴难以完全弥补采用 811 体系的三元电池成本的上升价差。当前大部分企业选用高能量密度电池的动力更多源于提升下游客户的感知收益，而非获得更高的补贴系数。定位中高端的 A 和 B+ 型轿车部分车型或将率先使用高能量密度电池，提升各自新能源汽车整车性能。以装机量加权平均的各级别车型系统能量密度走势如图 1-12 所示。

从驱动电机冷却方式看，液冷方案继续提升。

2019 年我国新能源汽车产业明显呈现出不同级别冷却方案的选择分层现象。驱动电机和控制器的冷却方式主要包括自然冷却、风冷和液冷三大类，成本依次提升。2019 年低成本的自然冷却和风冷仍主要应用于 A00 级车型中，并且应用比例有所下降，A0 级及以上纯电动轿车中均以液冷为主。随着电机功率的进一步提升，预计整车对热管理的需求仍将进一步提高，长期来看，自然冷却方案占比或进一步下降。各级别纯电动轿车冷却方式情况如图 1-13 所示。

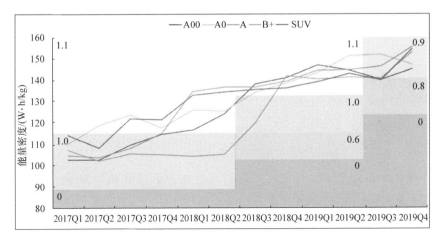

图 1-12 以装机量加权平均的各级别车型系统能量密度走势

注：① 本文中各级别乘用车能量密度根据创新联盟车型产量数据，以装机量加权方式测算。
② 背景中数字为各时期该级别能量密度车辆所获的补贴系数。
③ Q1~Q4 分别表示 1 季度~4 季度。
图片来源：创新联盟，华泰证券研究所

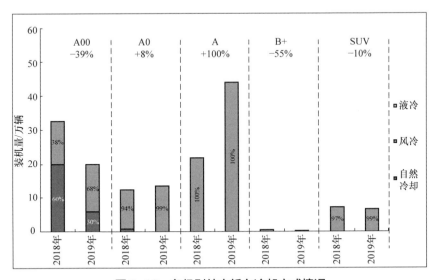

图 1-13 各级别纯电轿车冷却方式情况

注：① 本文中各级别乘用车能量密度根据创新联盟车型产量数据，以装机量加权方式测算。
② 背景中数字为各时期该级别能量密度车辆所获的补贴系数。
图片来源：创新联盟，华泰证券研究所

主流车型技术方案方面，适应下游需求为核心，力促补贴与售价平衡。

车企对关键零部件技术方案的选择逐渐贴近市场真实需求。以 2019 年产量前十纯电动乘用车型为例（占所有纯电动乘用车产量比例为 43.67%），包括 3 款 A00 车、1 款 A0 级车、6 款 A 级车。其中 A00 级车续驶里程集中在 300km 左右，税后售价多集中在 5 万~8 万元区间，定位日常上下班出行，大多对能量密度的要求较低。而 A 级车补贴后售价均在 12 万元以上，其对续驶里程、电池系统能量密度的要求更高。以 2019 年产量最高的北汽 EU5 为例，其 NEDC 续驶里程 460km，最低百公里耗电量为 13.3kW·h，畅销版本系统能量密度 141.05W·h/kg，在过渡期前的 2018 年的补贴准则下，续驶里程、百公里耗电量优化、电池系统能量密度三项指标中均能拿到 1.1 倍财政补贴，扣除补贴后最低售价为 14.89 万元，呈现出较强的市场竞争力。2019 年产量前十车型的情况如图 1-14 所示。

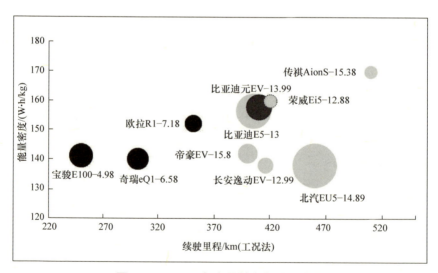

图 1-14　2019 年产量前十车型的情况

注：气泡的大小代表 2019 年产量规模，车辆名称后数字为补贴后售价（万元），
　　颜色代表车辆类型，由深到浅依次为 A00、A0 和 A 型轿车。
图片来源：创新联盟，汽车之家，华泰证券研究所

自主品牌车企零部件供应方面，采购方案有所分化，电机电控或向外采模式迈进。

从整车与关键零部件企业关系看，大部分车企的电池以外采为主，考虑到电池制造的高资本门槛和技术壁垒，预计 2020 年车企对于电池仍将选择外购为主，但车企对电池系统集成的布局力度仍未减弱。除电池环节外，补贴退坡进一步压缩电机电控等零部件企业的盈利空间，逼迫部分车企走向外采模式，向第三方企业开放电机、电控市场。2019 年车企关键零部件的自给情况如图 1-15 所示，2018 年车企关键零部件的自给情况如图 1-16 所示。

车企	车型	电芯	BMS	电池系统	电机	电控	车控	产量
比亚迪	元EV/E5	比亚迪	比亚迪	比亚迪	比亚迪	比亚迪	比亚迪	96698
长安	逸动	CATL/中航锂电	长安汽车	长安汽车	长安汽车	长安汽车	顺德电子	26001
北汽	EU5/EX3	宁德时代	北汽新能源	普莱德	北汽新能源	北汽新能源	北汽新能源	86273
奇瑞	奇瑞eQ1	宁德时代/国轩高科/多氟多等	奇瑞汽车	芜湖奇达/国轩高科/多氟多等	奇瑞汽车	奇瑞汽车	江铃集团	35255
东风汽车	风神E70	宁德时代	宁德时代	宁德时代	东风汽车	东风汽车	东风汽车	14255
一汽	红旗EV	宁德时代	一汽	宁德时代	乐金汽车	乐金汽车	一汽	9669
威马汽车	威马EX5 400	宁德时代	威马/宁德	威马汽车	博格华纳	汇川技术		12183
上汽	荣威Ei5	宁德时代	上海捷能汽车	上海捷新	华域电动	联电		34362
比亚迪	唐PHEV/宋DM	比亚迪	比亚迪	比亚迪	比亚迪	比亚迪	比亚迪	31441
长安汽车	长安逸动PHEV	宁德时代	长安汽车	长安汽车	舍弗勒	长安汽车		9
广汽乘用车	传祺GS4PHEV	宁德时代	航盛电子	广汽乘用车	精进电动	大郡动力	广汽乘用车	1655
华晨宝马	宝马5系	宁德时代	普瑞	华晨宝马	ZF	ZF	ZF	27968
EV	PHEV		自给		外购			

图 1-15　2019 年车企关键零部件的自给情况

注：① 取自完全披露电机、电控、电池、BMS、电池系统和车控情况的车型数据，存在部分车型未披露完全数据导致车型产量低估的情况。
② 部分车型电机和电控采用外采+集成模式（贴牌），合格证标识为车企自主生产，本表格采用合格证口径。
图片来源：创新联盟，华泰证券研究所

车企	车型	电芯	BMS	电池系统	电机	电控	车控	销量
比亚迪	秦/宋/元/E5/E6	比亚迪	比亚迪	比亚迪	比亚迪	比亚迪	比亚迪	104205
长安	逸动/奔奔	宁德时代	长安汽车	长安汽车	长安汽车	长安汽车	长安汽车	17761
北汽	EX350	孚能科技	北汽新能源	孚能科技	北汽新能源	北汽新能源	北汽新能源	13250
北汽	北汽EU5	宁德时代	北汽新能源	普莱德	北汽新能源	北汽新能源	北汽新能源	20646
奇瑞汽车	瑞虎3xe	宁德时代/捷威动力	奇瑞汽车	芜湖奇达	奇瑞汽车	奇瑞汽车	江铃汽车/红星汽车	11005
江铃	E200	孚能科技	亿能电子	孚能科技	江铃集团	江铃集团	江铃集团	28118
上汽通用五菱	宝骏E100	卡耐新能源	卡耐新能源	卡耐新能源	方正电机	赛伟科	上汽	13492
豪情汽车	帝豪GSE400	宁德时代	宁德时代	宁德时代	精进电动	联电	豪情汽车	7494
比亚迪	唐/宋/秦	比亚迪	比亚迪	比亚迪	比亚迪	比亚迪	比亚迪	104104
长安	逸动	宁德时代	长安汽车	长安汽车	舍弗勒	长安汽车	长安汽车	504
长安	CS75	宁德时代	长安汽车	长安汽车	精进电动	精进电动	长安汽车	1981
长城汽车	魏派P8	宁德时代	宁德时代	宁德时代	西门子	西门子	大陆汽车投资	3958
宝马	5系	宁德时代	普能	华晨宝马	采埃孚	博世	博世	13413
上汽	荣威eRX5	宁德时代	捷新	捷新	联电	联电	联电	24582
上汽	荣威ei6	A123	捷新	捷新	联电	联电	联电	36172
EV	PHEV	自给	外购					

图 1-16　2018 年车企关键零部件自给情况

注：① 取自披露电机、电控、电池、BMS、电池系统和车控情况的数据，存在部分车型未披露完全数据导致车型产量低估的情况。
　　② 部分车型电机和电控采用外采＋集成模式（贴牌），合格证标识为车企自主生产，本表格采用合格证口径。
图片来源：合资品牌，华泰证券研究所

合资车企方面，产品定位中高端市场，插电式混合动力车型市场优势明显。

合资品牌车型定位中高端市场，2019 年国内市场合资品牌新能源汽车占有率迅速增长，大型 PHEV 车型表现亮眼。根据创新联盟数据，2019 年合资品牌新能源乘用车生产 13.69 万辆，较 2018 年增长 141%。从结构上看，合资引进车型主要为插电式混合动力车型，主要是由于当前合资车企的市场定位与海外车企电动化路径息息相关。宝马、大众等欧洲车企燃油车技术积累雄厚，在电动化改造过程中充分考虑了现有燃油车生产线和技术积累，前期推出车型以插电式混合动力车型为主，大部分插电式混合动力车型均能找到对应定位中高端的燃油车版本。合资厂商针对国内市场推出合资自主车型，丰富合资厂商在国内生产的车型版图。2019 年合资品牌新能源乘用车产量情况如图1-17所示。

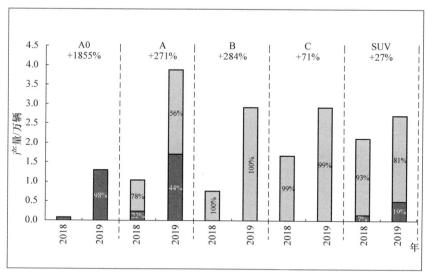

图1-17 2019年合资品牌新能源乘用车产量情况

注：① 此图中以合资车厂为口径，包含引进合资品牌和合资自主品牌。
② A00车型只有上汽通用五菱生产的宝骏E100和宝骏E200，产量较大，为保证数据代表性，本图为不包含宝骏口径。

图片来源：创新联盟，华泰证券研究所

2019年产量前三合资新能源车型分别为宝马5系PHEV、帕萨特PHEV和别克VELITE6，产量分别为2.80万辆、1.61万辆和1.14万辆。根据汽车之家披露，宝马5系厂商指导价为42.69万~54.99万元，对应的宝马5系新能源厂商指导价为49.99万~53.69万元，插电式混合动力版车型的价格落在了燃油车的价格区间。考虑插电式混合动力版车型由于免购置税及上海等限购城市的牌照优势，其竞争力显著高于传统燃油版车型。合资品牌新能源乘用车产量情况见表1-1。

表 1-1 合资品牌新能源乘用车产量情况

车型	动力类型	品牌种类	车型等级	厂商	产量/万辆 2018	产量/万辆 2019	装机量/(MW·h) 2018	装机量/(MW·h) 2019
宝马5系PHEV	混合动力	合资引进	C	华晨宝马	1.34	2.80	173.03	360.79
帕萨特PHEV	混合动力	合资引进	B	上汽大众	0.29	1.61	34.96	194.86
别克VELITE6	混合动力	合资引进	A	上汽大众	0.50	1.14	176.54	526.23
大众e-LAVIDA	纯电动	合资引进	A	上汽大众	0	0.93	0	359.02
卡罗拉卡罗拉	混合动力	合资引进	SUV	一汽丰田	0	0.91	—	72.73
丰田LEVIN	混合动力	合资引进	A	广汽本田	0	0.78	—	61.95
起亚K5	混合动力	合资引进	B	悦达起亚	0.10	0.54	12.77	69.39
沁威(X-NV)	纯电动	合资自主	A0	东风本田	0	0.53	—	283.81
大众e-BORA	纯电动	合资引进	A	一汽大众	0	0.50	0	198.75
宝马X1	混合动力	合资引进	SUV	华晨宝马	0.81	0.50	119.58	117.36
其他					2.63	3.46	470.44	1027.38
汇总					5.68	13.69	987.32	3272.27

注：① 本表以合资车厂为基准，按照是否为引进品牌，将品牌分为合资引进和合资自主品牌两类。
② A00车型只有上汽通用五菱生产的宝骏E100和宝骏E200，产量较大，为保证数据代表性，本表为不包含宝骏口径。
③ 车型采用合格证披露名称，本表已对同一款车合并处理，如"起亚K5"和"K5"统一归入"起亚K5"口径。

数据来源：创新联盟，华泰证券研究所

1.3　2020年新能源汽车市场规模预测

从短期看，新冠肺炎疫情显著抑制了新能源汽车需求，一季度新能源汽车产销降幅明显，但从3月当月数据来看，市场需求已呈现回暖态势。考虑到疫情带来的不确定性，中性假设下2020年新能源汽车产量较2019年下降10%或者基本持平。预计全年国内新能源汽车产量合计110.6

万辆。

在乘用车方面，考虑到疫情带来的不确定性，中性预期下 2020 年新能源乘用车产量增速为 -6.3%，对应乘用车产量为 95.84 万辆。

我们认为技术进步、精准定位用户需求和成本下降是行业的整体趋势，续驶里程的增加提升了电动车对燃油车的可替代性，或将进一步激发下游需求。随着产业链成本的下降，补贴退坡影响将逐步被市场消化。此外，为缓解疫情带来的影响，我国正在加快制定各类刺激消费政策，延长新能源汽车补贴的政策也在研究当中，这将进一步促进新能源汽车市场的发展。双积分政策将推动国内车企迈向电动化，特斯拉国产化也将进一步带动国内 A 级及以上纯电乘用车产量，新能源汽车市场发展空间广阔。从车型结构上看，考虑到下游消费者高性能和高性价比不同的需求，2020 年新能源乘用车市场会呈现高端车和低成本车并进的局面，预计插电式混合动力乘用车仍以外资车型为主。2020 年新能源乘用车产量预测见表 1-2。

表 1-2 2020 年新能源乘用车产量预测

车型及级别		产量和增速	2018 年	2019 年	2020 年预测
纯电动乘用车	A00	产量/万辆	32.70	19.83	15.87
		增速	11%	-39%	-20%
	A0	产量/万辆	12.49	13.20	11.22
		增速	238%	6%	-15%
	A 级及以上	产量/万辆	29.99	51.36	54.44
		增速	152%	71%	6%
	合计	产量/万辆	75.18	84.39	81.53
		在乘用车中占比	74.64%	82.51%	85.07%
插电式混合动力乘用车	A 级及以上	产量/万辆	25.55	17.88	14.31
		增速	150%	-30%	-20%
		在乘用车中占比	25.36%	17.49%	14.93%
新能源乘用车汇总/万辆			100.73	102.28	95.84

数据来源：真锂研究，华泰证券研究所

在商用车方面，客车和专用车作为生产资料主要面向企业客户，对补贴和路权政策更为敏感，疫情对商用车的影响或小于乘用车。

预计2020年商用车的增速为−4.4%，对应商用车产量为14.74万辆。2020年新能源商用车产量预测见表1-3。

表1-3 2020年新能源商用车产量预测

车型	产量和增速	2018年	2019年	2020年预增
纯电动客车	产量/万辆	9.24	7.32	6.95
	增速	4%	−21%	−5%
插电式混合动力客车	产量/万辆	0.67	0.66	0.64
	增速	−60%	−1%	−3%
物流车	产量/万辆	10.94	6.30	5.98
	增速	−26%	−42%	−5%
其他专用车	产量/万辆	0.46	1.13	1.15
	增速	−25%	148%	2%
商用车总产量（万辆）		21.30	15.40	14.74

数据来源：真锂研究，华泰证券研究所

第 2 章　2019 年动力电池产业发展总体情况

2.1 我国动力电池市场供需格局

2.1.1 2019 年我国动力电池市场供给情况

2019 年，我国动力电池产量小幅增长，三元电池占比 64.6%。据创新联盟统计，2019 年我国动力电池产量总计 85.4GW·h，同比增长 21.0%。受新能源乘用车市场带动，三元电池 2019 年累计生产 55.1GW·h，占总产量 64.6%，同比累计增长 40.8%，成为市场增长的主体；磷酸铁锂电池产量累计 27.7GW·h，占总产量 32.4%，同比累计下降 1.2%，较 2018 年基本相当。2018 年和 2019 年各材料种类电池产量如图 2-1 所示。

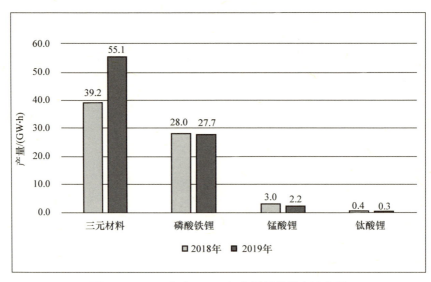

图 2-1　2018 年和 2019 年各材料种类电池产量

注：此部分电池产量数据包括新能源汽车、低速电动车、电动工具等领域的合计数据

图片来源：创新联盟

2019 年，我国动力电池累计销量达 75.6GW·h，同比累计增长 21.4%。2019 年我国三元电池累计销售 53.0GW·h，占总销量 70.0%；磷酸铁锂电池累计销售 20.6GW·h，占总销量 27.2%，在下半年新能源汽车市场持续低迷的背景下，部分龙头企业产销规模仍较往年有所增长，拉动整体销量水平保持正增长态势。2018 年和 2019 年各材料种类电池销量如图 2-2 所示。

供应企业数量进一步减少，前三家企业抢占 70% 的市场份额。2019 年，我国新能源汽车市场共计 79 家（集团公司）动力电池企业实现装机配套，较 2018 年减少 14 家。龙头企业市场份额进一步提升，宁德时代、比亚迪、合肥国轩前三家动力电池装车量占比上升至 73.4%，宁德时代一家市场份额占比过半。行业仍处于市场化整合洗牌时期，不断有企业出局另觅其他细分市场。在 2019 年 12 月年底小冲量期间，当月仅有 56 家企业实现装车配套，较往年大幅下降。2013—2019 年动力电池企业配套数量统计如图 2-3 所示。2017—2019 年动力电池企业装车供应集中度水平如图 2-4 所示。

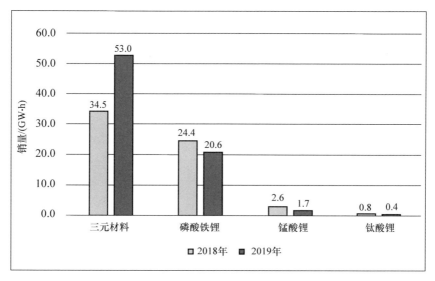

图 2-2　2018 年和 2019 年各材料种类电池销量

图片来源：创新联盟

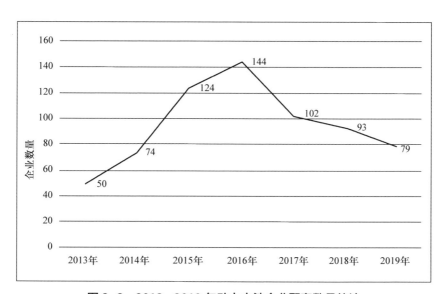

图 2-3　2013—2019 年动力电池企业配套数量统计

图片来源：创新联盟

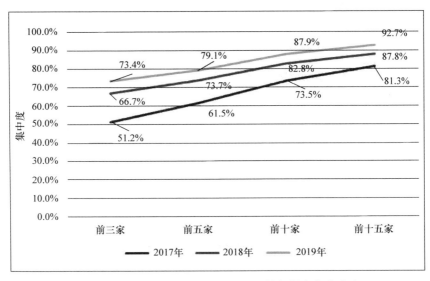

图 2-4　2017—2019 年动力电池企业装车供应集中度水平

图片来源：创新联盟

2.1.2　2019 年我国动力电池市场需求情况

2019 年我国动力电池装车量共计 62.2GW·h，同比增长 9.2%。相对于新能源汽车市场的整体下降，动力电池装车量增长主要体现在以下两点：一是新能源汽车市场结构优化，纯电动乘用车产量较去年大幅上，全年共计增加 9.1 万辆，同时由于续驶里程增加，单车平均带电量由 39.3kW·h/辆上升至 47.2kW·h/辆，导致该车型整体装车量较去年大幅上升，同比增长 34.7%；二是 2019 年尽管纯电动客车和纯电动专用车产量较去年同期分别下降 20.9% 和 36.4%，但由于工程类等高能耗车辆增加等原因，两大车型单车平均带电量同比均有所增加，有效降低了该领域动力电池装车规模的下降程度。2017—2019 年不同车型平均带电量水平如图 2-5 所示。

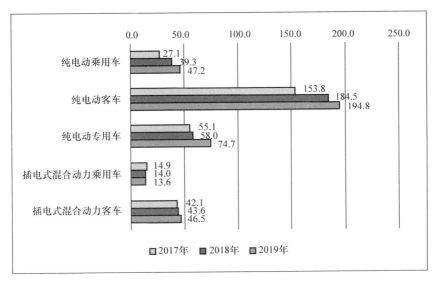

图 2-5　2017—2019 年不同车型平均带电量水平（kW·h）

图片来源：创新联盟

从配套周期来看，动力电池装车量增长主要体现在上半年。2018 年补贴额度可使产业具有一定的经济收益，2019 年上半年新能源汽车市场维持较好的增长势头，有效提升了上半年动力电池装车水平。2019 年补贴新政实施后，由于补贴退坡幅度较大，下半年我国新能源汽车产销量同比均呈现一定程度的下降，动力电池装车量呈现连续 5 月同比负增长，产业开始进入后补贴时代，成本管控与产品性能提升等市场化因素将成为企业所面临的重要挑战。2017—2019 年我国动力电池月度装车量如图 2-6 所示。

从材料种类来看，整体供应格局变化较小，三元电池装车比例小幅度提升。2019 年三元电池和磷酸铁锂电池仍为市场供应主体。在新能源乘用车市场的带动下，2019 年全年三元电池装车量累计 40.5GW·h，同比累计增长 22.5%，占总装车量 65.2%；磷酸铁锂电池所属的新能源客车和专用车市场较 2018 年均有下降，全年装车量累计 20.2GW·h，占总装车量 32.5%，同比累计下降 9.0%；锰酸锂和钛酸锂电池仍然配套于小众车型市场。2017—2019 年不同材料动力电池装车量占比情况如图 2-7 所示。

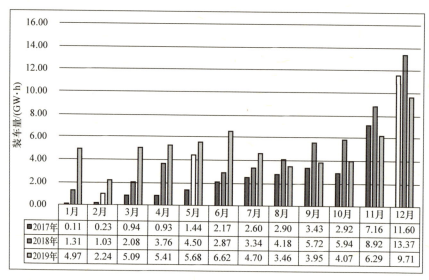

图 2-6　2017—2019 年我国动力电池月度装车量

图片来源：创新联盟

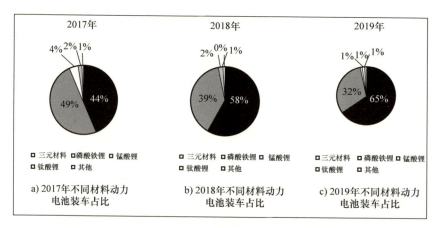

图 2-7　2017—2019 年不同材料动力电池装车量占比情况

图片来源：创新联盟

从应用车型看，纯电动乘用车型动力电池的应用量逐年提高，插电式混合动力车型动力电池的应用量占比不足5%。随着产业逐渐步入市场化发展轨道，2019年国内市场共享出行、网约车、整包换电等新兴运营模式逐渐兴起，个人用户对新能源汽车的认可度不断提高，充电配套基础设施不断完善，以及汽车牌照、路权等优惠政策共同促进纯电动乘用车市场规模大幅增长，动力电池应用车型由新能源商用车逐渐向乘用车转移。2019年纯电动乘用车动力电池配套量合计39.8GW·h，占总装车量比例由2018年的51.8%上升至63.9%，纯电动客车和专用车配套量分别为14.2GW·h和5.4GW·h，占比均有所下降，插电式混合动力车型整体电池配套量不高，2019年全年合计装车2.7GW·h，占比下降至4.3%。2017—2019年各车型动力电池配套情况如图2-8所示，2017—2019年各车型动力电池配套比例如图2-9所示。

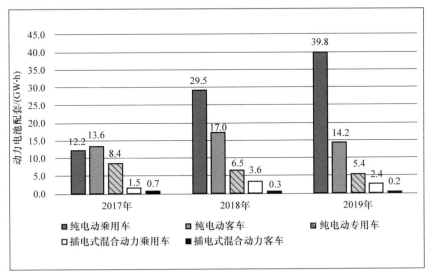

图2-8 2017—2019年各车型动力电池配套情况

图片来源：创新联盟

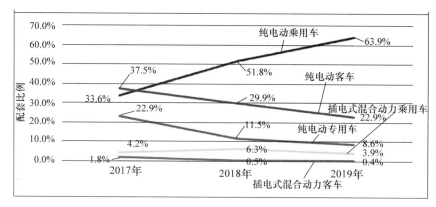

图 2-9　2017—2019 年各车型动力电池配套比例

图片来源：创新联盟

　　从外形工艺看，2019 年方形硬壳电池占比进一步提升，软包 / 圆柱形电池市场份额均有减少。2019 年我国方形、软包和圆柱形动力电池的装车量分别为 52.6GW·h、5.5GW·h 和 4.1GW·h，分别占动力电池总装车量的 84.5%、8.8% 和 6.7%。方形硬壳电池市场占有率较 2018 年明显增长（2018 年为 75.4%），一是由于 2019 年装车量排名前三家动力电池企业均以方形硬壳电池产品为主，且装车集中度水平出现小幅提升，有效带动方形硬壳电池占有率提升；二是大多圆柱形电池在系统能量密度提升、一致性和安全管控等方面的竞争力稍显不足，部分企业转型布局电动自行车和电动工具市场，导致圆柱形电池市场增量较少；三是软包电池方面，目前应用仍受成组效率相对较低、铝塑膜等原材料主要依靠进口等因素限制，成本方面竞争力不强。软包电池代表企业孚能科技、北京国能和卡耐新能源在 2019 年的装车量较 2018 年基本持平或有所下降，宁德时代高镍软包电池处于投放初期，市场增量主要由纯电动乘用车型带动，整体增长较为乏力，从而反向提升方形硬壳电池市场占有率水平。2018 年和 2019 年不同封装工艺电池装车量占比如图 2-10 所示。2019 年方形硬壳电池装车量前五名企业见表 2-1，2019 年软包电池装车量前五名企业见表 2-2，2019 年圆柱电池装车量前五名企业见表 2-3。

第 2 章
2019 年动力电池产业发展总体情况

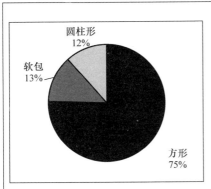
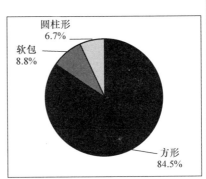

a) 2018年不同外形电池装车占比　　b) 2019年不同外形电池装车占比

图 2-10　2018 年和 2019 年不同封装工艺电池装车量占比

图片来源：创新联盟

表 2-1　2019 年方形硬壳电池装车量前五名企业

序号	方形硬壳电池企业名称	装车量/(GW·h)
1	宁德时代	31.09
2	比亚迪	10.75
3	合肥国轩	2.22
4	亿纬锂能	1.58
5	中航锂电	1.49

数据来源：创新联盟

表 2-2　2019 年软包电池装车量前五名企业

序号	软包电池企业名称	装车量/(GW·h)
1	孚能科技	1.21
2	卡耐新能源	0.63
3	多氟多新能源	0.61
4	捷威动力	0.56
5	桑顿新能源	0.56

数据来源：创新联盟

表 2-3 2019 年圆柱电池装车量前五名企业

序号	圆柱电池企业名称	装车量/(GW·h)
1	合肥国轩	1.20
2	力神	0.77
3	比克电池	0.69
4	银隆新能源	0.35
5	联动天翼	0.34

数据来源：创新联盟

镍氢电池产业发展情况

镍氢电池自 1989 年商业化发展至今，国外企业以日本 PEVE 和 Panasonic 等为代表，国内主要有科力远、淄博国利和江苏春兰。经过多年的发展，我国镍氢动力电池在制造技术、产品性能、商业化应用等方面取得了长足的进步。国内企业已经在镍氢电池领域进行了精益化制造的导入，同时随着全自动生产线与智能制造体系的建立，产品一致性得到大幅提升，可实现与发动机同寿命，解决了我国镍氢电池无法满足混合动力电动汽车（HEV）的难题，推动了我国混合动力电动汽车产业的进一步发展。

早期国内 HEV 乘用车的发展相对缓慢，长安、吉利、华晨、一汽等企业在混合动力客车、混合动力乘用车领域展开了相关研发，但一直未实现大批量生产。自丰田公司的混合动力电动汽车导入中国后，国内的混合动力车型得到快速发展。据搜狐网官方数据，2018 年我国混合动力汽车产业持续增长，搭载镍氢电池的 HEV 乘用车（一汽卡罗拉和广汽雷凌）的销量达 14.26 万辆，相比 2017 年增长了 26%。伴随着国内混合动力总成技术的突破，镍氢电池在国内混合动力电动汽车市场也将有一定的发展空间。

2.1.3 我国动力电池产业发展趋势预测

装机量方面，2019年下半年增长放缓，行业尚未完全消化补贴退坡的影响。从2017—2018年看，前三季度为动力电池补库存阶段，四季度行业装机量快速提升，消化前期库存产品。2018年行业对于年底抢装预期更为一致，产量逐季度递增。相较于2018年，2019年过渡期后补贴大幅下降，行业在装机量上出现两点边际变化：首先受三季度下游新能源汽车产量下降的影响，电池装机量同环比均明显下降；其次从四季度数据看，整车抢装带来的电池需求不如2018年。从产量与装机量的差额来看，2019年第四季度去库存力度不如2018年同期，行业或尚未完全消化补贴退坡影响。2017—2019年动力电池产量和装机量情况如图2-11所示。

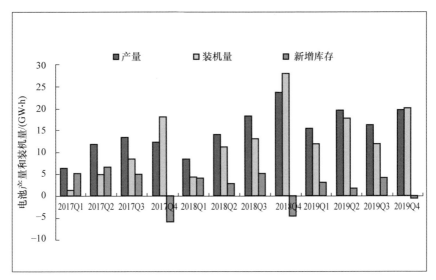

图2-11　2017—2019年动力电池产量和装机量情况

注：新增库存 = 当季产量 − 当季装机量。

图片来源：创新联盟，高工锂电，华泰证券研究所

考虑到疫情影响，2020年动力电池需求增速或放缓。当前新能源汽车行业正处于补贴逐渐下降的适应期，单车补贴额度已较小，对产量的

边际影响或逐渐减小。从单车带电量看，受电池能量密度提升带动，乘用车单车带电量或将持续提升。商用车车内空间较大，叠加电池能量密度提升，预计商用车的单车带电量也将处于提升区间。考虑疫情影响，结合新能源汽车市场产量中性预测结果，预计2020年动力电池需求为66.83GW·h。2020年电池需求测算见表2-4。

表 2-4 2020 年电池需求测算

类型	级别	项目	2018 年	2019 年	2020 年
纯电动乘用车	A00 级	带电量/（kW·h）	26.23	30.93	32.00
		电池需求/（GW·h）	8.58	6.13	5.08
	A0 级	带电量/（kW·h）	43.31	48.59	51.00
		电池需求/（GW·h）	5.41	6.41	5.72
	A 级及以上	带电量/（kW·h）	51.75	53.07	62.00
		电池需求/（GW·h）	15.52	27.26	33.76
插电式乘用车		带电量/（kW·h）	13.97	13.64	18.00
		电池需求/（GW·h）	3.57	2.44	2.58
乘用车电池需求/（GW·h）			33.08	42.24	47.13
纯电动客车		带电量/（kW·h）	184.28	194.81	200.00
		电池需求/（GW·h）	17.03	14.25	13.90
插电式客车		带电量/（kW·h）	45.10	50.11	55.00
		电池需求/（GW·h）	0.30	0.33	0.35
客车电池需求/（GW·h）			17.33	14.58	14.25
物流车		带电量/（kW·h）	55.97	66.00	68.00
		电池需求/（GW·h）	6.12	4.16	4.07
其他专用车		带电量/（kW·h）	97.33	114.40	120.00
		电池需求/（GW·h）	0.44	1.29	1.38
专用车电池需求/（GW·h）			6.56	5.45	5.45
合计动力电池需求/（GW·h）			56.97	62.28	66.83

数据来源：创新联盟，华泰证券研究所

价格方面，2020年动力电池系统价格将呈现持续下降趋势。从中国、日本和欧美等国家和地区的新能源汽车发展白皮书看，价格下降是动力电池系统发展的主要趋势。欧盟和美国作为动力电池消费国，对动力电池价格降幅预期较为激进，分别希望电池系统价格在2020年和2022年达到100美元/kW·h的水平。中国和日本作为新能源汽车动力电池的主要供给国，分别规划在2020年新能源汽车电池系统价格为1000元/kW·h、1200元/kW·h。按照目前的发展形势，电池系统价格仍有继续下降的空间。但考虑技术开发工作需要持续投入，在保障车企利润的同时，也应鼓励动力电池生产企业保持合理的利润空间，而不是一味地降低价格。预计2020年新能源汽车动力电池系统的成本和价格具备10%的下降空间，对应采用三元电池路线的系统价格和成本分别为0.90元/kW·h和0.73元/kW·h。各国新能源汽车规划中针对电池价格的预测如图2-12所示，针对电池系统成本的预测如图2-13所示。

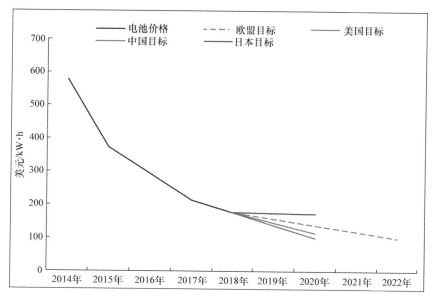

图2-12 各国新能源汽车规划中针对电池价格的预测（见彩插）

注：美国为截至2022年的规划目标，其余为2020年的规划目标。

因BNEF尚未披露2019年平均电池的价格，2019年及以后价格为实际价格和目标价格的线性估计。

图片来源：DOE，SETIS，NEDO，KBIA，科技部，华泰证券研究

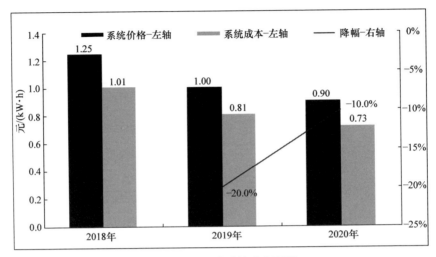

图 2-13 电池系统成本预测

注：本图中电池系统和成本预测均以三元电池为例。
图片来源：CIAPS，华泰证券研究所

能量密度方面，基于整车车型的发展布局，动力电池的能量密度将按整车需求选择分化，但从整体趋势上看，随着电池技术的进步，能量密度提升是行业发展主要关注问题之一。车企在动力电池能量密度选择方面应结合整车安全性综合考虑。

电池外形方面，2019 年乘用车中方形硬壳电池装机量为 35.49GW·h（同比增长 50.1%），软包电池装机量 4.69GW·h（同比下降 7.07%），圆柱形电池装机 2.06GW·h（同比下降 53.03%）。方形硬壳电池装机量和增速超过软包、圆柱形两类电池。从 2019 年下半年各级别车型使用的电池路线看，软包电池在 A00 型车中装机占比提升明显，采用相同材料体系，软包电池的单体能量密度更高。随着软包电池逐渐导入下游车企，软包电池装机占比仍有提升空间。但随着宁德时代、比亚迪等主流供应商对 CTP 等方案的推动，预计 2020 年方形硬壳电池仍将为国内动力电池市场的主流。2018 年和 2019 年方形硬壳电池在各级别车型中的占比情况如图 2-14 所示，2018 年和 2019 年下半年软包电池在不同车型中的占比情况如图 2-15 所示。

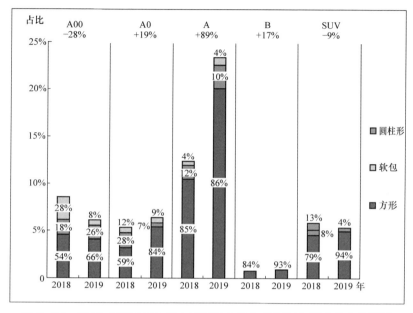

图 2-14　2018 年和 2019 年方形硬壳电池在各级别车型中的占比情况

图片来源：创新联盟，华泰证券研究所

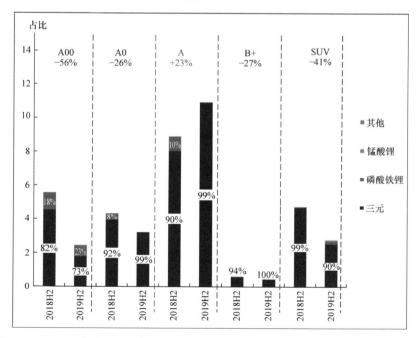

图 2-15　2018 年和 2019 年下半年软包电池在不同车型中的占比情况（见彩插）

图片来源：创新联盟，华泰证券研究所

方形硬壳电池技术更新节奏较快。2019年以来，方形电池更新换代明显，电池系统最高能量密度取代软包电池居于首位，在一定程度上拓宽了方形硬壳电池的应用。从合格证数量加权平均能量密度看，过渡期后第三季度方形硬壳电池仍呈现提升态势，圆柱形电池的能量密度均有所下降。主要受电池成本影响，过渡期后使用高能量密度电池的汽车的需求下降，影响整体能量密度水平。在技术更新和规模效应带动下，在高能量密度领域方形硬壳电池的性价比更高，其平均能量密度仍保持提升态势。三种包装电池不同时期的最高能量密度如图2-16所示，考虑装机加权平均计算的三种包装电池能量密度的情况如图2-17所示。

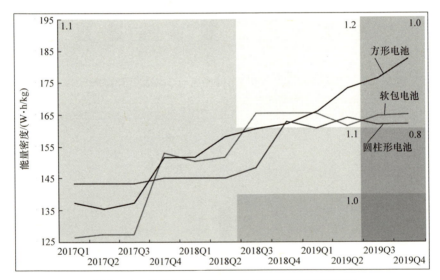

图2-16 三种包装电池不同时期的最高能量密度

注：背景中数字为各时期该级别能量密度车辆所获的补贴倍数；2017Q1表示2017年第1季度，其他依此类推。

图片来源：创新联盟，华泰证券研究所

短期内动力电池包装路线由供给决定，长期或与车企需求有关。2019年宁德时代市场占有率持续增长，带动方形硬壳电池占比提高。长期看，随着新能源汽车行业向标准化迈进，电池系统产品也将进一步规范，电池的能量密度和性价比作为核心关注点，车企将更为灵活地选择不同路线的电池。

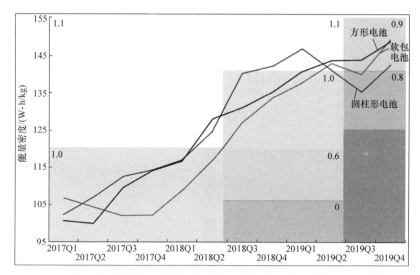

图 2-17　考虑装机加权平均计算的三种包装电池的能量密度情况

注：① 各路线电池能量密度以装机量加权方式测算。
② 背景中数字为各时期该级别能量密度车辆所获的补贴倍数。
③ 2017Q1 表示 2017 年第 1 季度，其他依此类推。
图片来源：创新联盟，华泰证券研究所

　　动力电池材料体系方面，预计 2020 年经济性和高端化两条路线并行，磷酸铁锂市场占有率或将提升。补贴政策自 2017 年引入电池能量密度指标以及续驶里程指标后，补贴向高续驶里程、高能量密度的车型倾斜，引导动力电池行业朝着高能量密度方向进行技术迭代发展。但是，随着补贴逐步退坡至退出，市场将会过渡到市场化竞争环境中。在市场选择下，下游整车将面临安全性、可靠性，以及低、中、高端不同的需求层，其对应的动力电池需求也不同。中低端车型注重安全性、可靠性和经济性，磷酸铁锂电池的安全性、可靠性及成本优势凸显；高端车型更为关注车辆续驶里程，需要加大带电量，高能量密度的三元电池将更加切合需求。但是三元电池在热失控后温升比较高的现象必须引起足够的认识。从过渡期后市场看，对成本较为敏感的 A00 级别车中，磷酸铁锂电池占比已出现上升态势，叠加比亚迪的刀片电池推动成组效率的提升，2020 年低成本、安全性高的磷酸铁锂电池需求有望回升。2018 年和 2019 年不同材料电池在各车型中的分布情况如图 2-18 所示，2018 年和 2019 年下半年不同材料电池在各车型中的分布情况如图 2-19 所示。

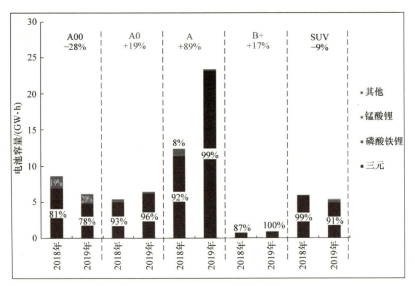

图 2-18　2018 年和 2019 年不同材料电池在各车型中的分布情况（见彩插）

图片来源：创新联盟，华泰证券研究所

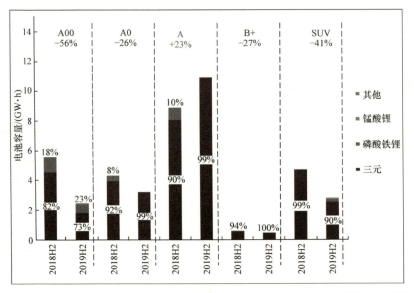

图 2-19　2018 年和 2019 年下半年不同材料电池在各车型中的分布情况（见彩插）

图片来源：创新联盟，华泰证券研究所

新的商业模式方面，产业对换电模式的关注度仍然较高。考虑整车购置成本和充电便捷性，蔚来汽车在 ES8 车型发布会上便率先推出 3 分钟换电模式。截至 2019 年 7 月底，蔚来在全国 51 个城市共计建设了 122 个换电站，服务客户超过 2 万名；北汽、长安、广汽等主流车企也相继启动相关研究，2018 年 7 月北汽正式推出换电版 EU300。通过电池租赁模式，消费者整车购置成本可降低 5 万元。2019 年，政府主管部门多次召开换电模式研讨会，就换电模式相关标准、共享换电站建设等方面进行研究，并在有条件地区布局建设示范换电站，到目前为止，全国共有换电站 300 余座。从市场需求和用户便捷性方面看，换电模式具有比较好的应用前景，但当前主要受整车公告限制、电池模块标准不统一导致运营成本相对较高等因素影响，换电模式主要应用在出租车、网约车和分时租赁领域。如何大范围推广仍需进一步探索，还需要产业链各环节共同推动和研究。

产业集中度方面，宁德时代和比亚迪装机量居前，第二梯队厂商或面临行业洗牌。2019 年新能源乘用车和商用车用动力电池的前 5 名企业（CR5）集中度分别为 81.29% 和 88.21%。宁德时代和比亚迪市场占有率位于前两位，装机量远超其余电池厂商，位于行业第一梯队。2019 年宁德时代市场占有率为 52.83%，同比增长 11.65%，比亚迪市场占有率为 17.09%，同比下降 2.97%，两者合计市场占有率提升明显。随头部企业产能的进一步扩张，预计动力电池产业集中度将进一步提升。随着补贴下降，行业竞争程度加剧，第二梯队企业或面临行业洗牌风险。2019 年新能源乘用车用动力电池市场装机量情况如图 2-20 所示，2019 年新能源商用车用动力电池市场装机量情况如图 2-21 所示。

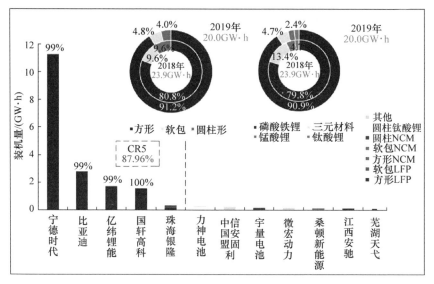

图 2-20 2019 年新能源乘用车用动力电池市场装机量情况（见彩插）

图片来源：创新联盟，华泰证券研究所

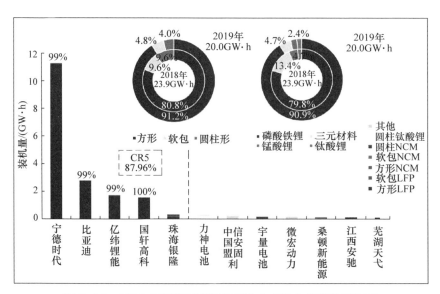

图 2-21 2019 年新能源商用车用动力电池市场装机量情况

图片来源：创新联盟，华泰证券研究所

在外资动力电池企业配套方面，2019年国内生产的新能源汽车中，外资电池企业的电池装机量为233.67MW·h，较2018年增长242.3%，装机量快速提升。松下公司的装机量最高，2019年合计197.89MW·h，主要供应丰田卡罗拉和丰田LEVIN等合资车型。因A6Le-tron在2019年3月后未在国内继续生产，LG化学2019年前三季度装机量同比下降83.14%，受12月份特斯拉Model 3带动，LG化学全年动力电池装机量为30.24MW·h。随着国产特斯拉放量，装机量或将持续增长。主要电池企业产能情况以及海外客户见表2-5，外资电池企业动力电池搭载情况见表2-6。

表2-5 主要电池企业产能情况以及海外客户 （单位：GW·h）

电池企业	2018年底	2019年底	2020年估计	已经签订合作协议的海外客户
CATL	39.2	52.4	72.2	大众，宝马，沃尔沃，日产，本田等
比亚迪	28.0	44.5	80.0	正在沟通中，未公布结果
国轩	10.7	18.8	29.8	博世
孚能科技	3.2	13.8	32.0	戴姆勒
亿纬锂能	5.5	9.0	15.0	戴姆勒，现代-起亚

数据来源：公司公告，高工锂电，华泰证券研究所

表2-6 外资电池企业动力电池搭载情况

公司名称	产量/辆		装机量/MW·h	
年份	2018	2019	2018	2019
松下	2152	20706	19.37	197.89
LG	3412	877	48.62	30.24
SKI	1	403	0.01	5.44
三星SDI	23	2	0.26	0.10
总计	5588	21988	68.26	233.67

注：因2009年松下并购三洋，三洋生产的电池一并计入松下口径。

数据来源：创新联盟，华泰证券研究所

2.2 我国动力电池配套企业竞争格局

2019年国内新能源汽车市场共计79家动力电池企业实现装车配套（按集团公司算），龙头企业装车量排名相对稳定。宁德时代、比亚迪和合肥国轩排名保持前三位，占据70%以上市场份额；中航锂电与欣旺达2019年在纯电动乘用车领域配套量提升明显，排名均列入前十。随着补贴大幅退坡，我国动力电池产业正处于优胜劣汰的洗牌期，产业结构仍需要进一步优化。据统计，79家动力电池企业中，装车量前五名企业占比接近80%，有66家企业装车量占比不足1%，造成大量产能闲置，产品同质化严重，产业仍需进一步淘汰整合，加强企业合作，形成良性竞争发展新局面。2019年动力电池企业装车累积占比情况如图2-22所示。2019年动力电池企业装车量排名见表2-7。

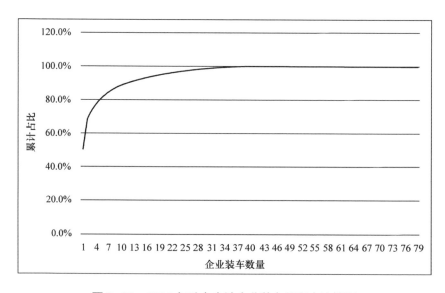

图2-22 2019年动力电池企业装车累积占比情况

图片来源：创新联盟

表 2-7 2019 年动力电池企业装车量排名

序号	企业名称	装车量/(GW·h)
1	宁德时代	31.46
2	比亚迪	10.75
3	国轩高科	3.43
4	力神	1.95
5	亿纬锂能	1.64
6	中航锂电	1.49
7	时代上汽	1.43
8	孚能科技	1.21
9	比克电池	0.69
10	欣旺达	0.65

数据来源：创新联盟

2.2.1 不同车型的配套企业情况

2019 年我国纯电动乘用车、纯电动客车、纯电动专用车、插电式混合动力乘用车和插电式混合动力客车车型领域配套动力电池企业数量分别为 54 家、28 家、54 家、11 家和 7 家，除插电式混合动力乘用车较 2018 年保持不变外，其余车型领域配套电池企业数量均呈现不同程度的下降。2013—2019 年我国不同车型领域配套动力电池企业数量如图 2-23 所示。

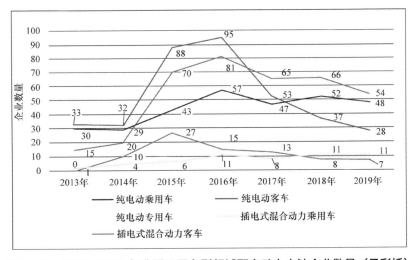

图 2-23 2013—2019 年我国不同车型领域配套动力电池企业数量（见彩插）

图片来源：创新联盟

1. 乘用车

纯电动乘用车市场，龙头企业市场份额进一步扩大，宁德时代、比亚迪二者市场份额合计65.7%，较2018年增加6.29%。前五名企业配套占比合计达77.1%，与2018年基本相当。由比亚迪与长安汽车合作研发的长安CS55 E-Rock车型在2019年年底正式生产，对比亚迪电池业务独立具有积极意义。力神电池2019年在江淮汽车和东风系车型中配套量进一步提升，在乘用车领域排名上升至第4位。

插电式混合动力乘用车市场，宁德时代、比亚迪优势依旧明显，二者合计占据82.4%市场份额；排名方面，比亚迪由于唐PHEV、宋DM等热销插电式混合动力车型2019年产量有所下降，装车量排名下降至第二位。随着合资插电式混合动力车型逐渐放量，外资电池品牌动力电池配套量有一定幅度提升，松下受雷凌、卡罗拉等车型带动，2019年配套量164.19MW·h，排名上升至第三位。纯电动乘用车市场动力电池企业装车量前十名如图2-24所示，插电式混合动力乘用车市场动力电池企业装车量前五名如图2-25所示。

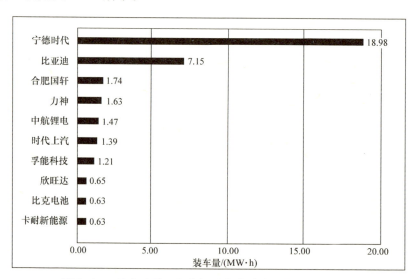

图2-24 纯电动乘用车市场动力电池企业装车量前十名

图片来源：创新联盟

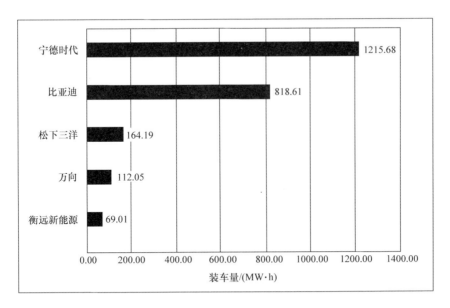

图 2-25　插电式混合动力乘用车市场动力电池企业装车量前五名

图片来源：创新联盟

2. 客车

在纯电动客车和插电式混合动力客车领域，动力电池配套企业数量继续保持下降趋势。2019年纯电动客车配套电池企业已下降至28家，市场更为集中化，装车量前五名企业分别为宁德时代、比亚迪、亿纬锂能、合肥国轩和银隆新能源，与2018年保持一致。但在市场份额上来看，宁德时代全年共计配套10.3GW·h，市场份额占比达72%，配套客车企业数量达到47家（非集团公司），已形成一家独大的市场格局。在插电式混合动力客车领域，盟固利锰酸锂电池仍旧保持领先地位，市场份额较2018年稍有下降；银隆新能源全年配套北汽福田的951辆插电式混合动力车型，由于市场整体规模较小，装车量排名迅速提升至第三位。纯电动客车市场动力电池企业装车量前十名如图2-26所示，插电式混合动力客车市场动力电池企业装车量前五名如图2-27所示。

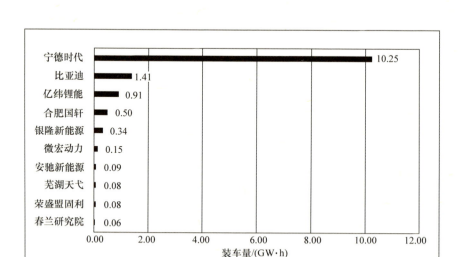

图 2-26　纯电动客车市场动力电池企业装车量前十名

图片来源：创新联盟

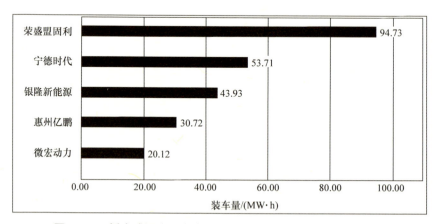

图 2-27　插电式混合动力客车市场动力电池企业装车量前五名

图片来源：创新联盟

3. 专用车

在纯电动专用车领域，2019年动力电池配套企业数量已下降至54家，配套量前三名企业分别为比亚迪、合肥国轩和宁德时代。受深圳市政策激励推动，2019年比亚迪泥头车大批量投放市场，单车带电量均在400kW·h以上，有效提升了动力电池配套规模，由第11位上升至第1位；合肥国轩磷酸铁锂电池由于其较高的能量密度与较低的成本优势，在专用车市场受到热捧，全年配套量1.2GW·h，排名超越宁德时代上升至第二位；江苏智航由于电池质量问题被工信部约谈，2019年专用车配套量排名已跌出前三。整体来看，54家配套企业中，仍有42家企业装车量占比不足1%，市场仍需要进一步整合。在插电式混合动力专用车领域，市场规模仍然较小，配套企业不多，宁德时代仍占较大比重。纯电动专用车市场动力电池企业装车量前十名如图2-28所示，插电式混合动力专用车市场动力电池企业装车量前四名如图2-29所示。

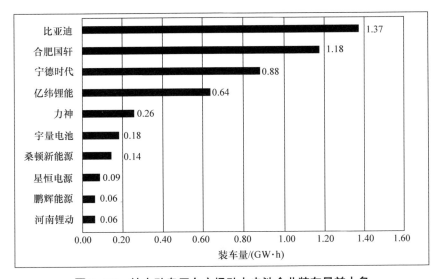

图2-28 纯电动专用车市场动力电池企业装车量前十名

图片来源：创新联盟

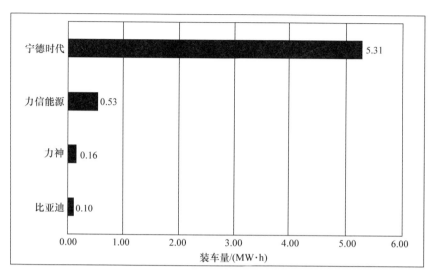

图 2-29　插电式混合动力专用车市场动力电池企业装车量前四名

图片来源：创新联盟

2.2.2　地域分布情况

1. 新能源汽车企业情况

根据汽车生产合格证统计，2019 年我国新能源汽车生产企业共计 248 家（非集团公司统计），与 2018 年相比变化不大。地理位置主要分布在我国 27 个省市地区，以长三角、珠三角和京津冀地区最为集中，西北地区仍然较少。从新能源汽车产量来看，2019 年排名前五名的省份分别为广东、北京、安徽、上海和陕西，均为比亚迪、北汽等主流大车企集团聚集区，广东省凭借比亚迪和广汽系车企带动，全年生产新能源汽车 15.4 万辆，超越安徽省位居全国首位。2019 年我国不同省区新能源汽车产量统计如图 2-30 所示。

2. 国内动力电池企业情况

按非集团公司统计，2019 年在国内实现装车配套的动力电池企业共计96家，主要分布在我国20个省市地区，尤以江苏省和广东省数量最多，分别为20家和17家；河北省新增银隆新能源，有少量出货；宁德时代江苏工厂、比亚迪陕西工厂2019年完成建设并开始批量生产。

从电池供应量规模来看，福建、广东两省由于所处宁德时代和其他龙头企业聚集区，动力电池供应量排名保持在前两位；青海省由于比亚迪西宁工厂产能逐渐释放，排名迅速上升至第三位。2019年比亚迪青海工厂动力电池供应量约6GW·h，除比亚迪自用外，已开始向长安汽车批量供应。2019年我国动力电池企业电池供应量前十名省份如图2-31所示。

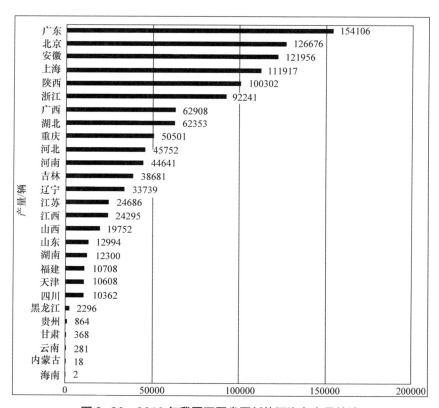

图2-30　2019年我国不同省区新能源汽车产量统计

图片来源：创新联盟

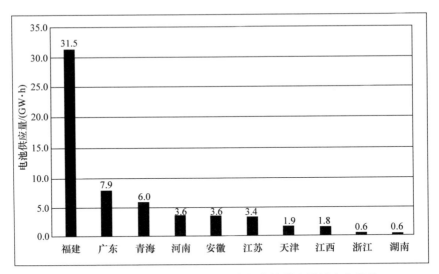

图 2-31 2019 年我国动力电池企业电池供应量前十名省份

图片来源：创新联盟

2.3 动力电池成本分析

电池成本由投入和产出决定，降低开支和提升性能是行业主题。从第一性原理来看，电池成本单位可以换算成（元/kg÷W·h/kg）。其中分子（元/kg）是投入项，主要体现为原材料的购买成本和生产设备的投入成本等开支；分母为电池的能量密度（W·h/kg），是产出的关键变量。当前行业在三元体系方面重点推进高镍低钴，通过降低采购价格、提高采购规模等举措推动动力电池的降本。动力电池成本构成拆解图如图 2-32 所示。

（1）性能提升和材料降本是动力电池降本关键因素

在性能提升方面，根据 Argonne 实验室模型，基于各项指标从 2018—2025 年的变化幅度，测算了该项指标变动对于电池系统成本下降的边际贡献。从边际贡献比率看，如果电池系统能量密度能从 2018 年的 177W·h/kg 的性能提高到 2025 年 244W·h/kg，对成本下降的贡献约为 20.8%，降幅居于各项指标的首位。在材料降本方面，参考 Argonne 实验

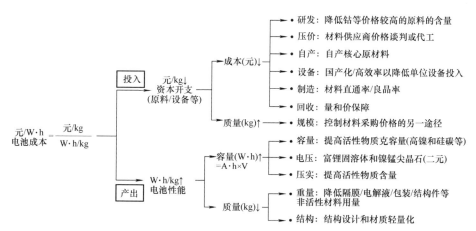

图 2-32 动力电池成本构成拆解图

图片来源：华泰证券研究所

室的模型，材料成本和制造成本占比分别为 70% 和 30%。若正极材料的采购价格能在 2025 年从 18 万元/吨下降至 13 万元/吨，则可以带动电池系统成本下降 10.6%，降幅居于第二位。此外，良品率和直通率提升，单位设备投资规模下降等同样会带动电池系统成本下降。动力电池成本构成如图 2-33 所示，2019 年主要纯电动车型电池及系统能量密度构成如图 2-34 所示，性能、材料价格和良品率对电池系统成本影响测算见表 2-8。

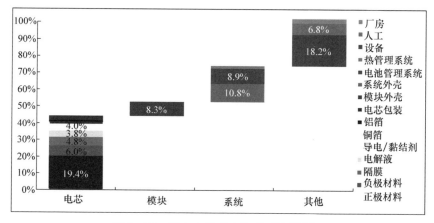

图 2-33 动力电池成本构成（见彩插）

图片来源：Argonne 实验室，华泰证券研究所

表 2-8 性能、材料价格和良品率对电池系统成本影响测算

	项目	2018年	2019年	2020年预期	2021年预期	2022年预期	2023年预期	2024年预期	2025年预期
性能	系统能量密度/(W·h/kg)	166	177	190	202	215	225	235	244
	能量密度累计同比	0%	6.6%	14.5%	21.7%	29.5%	35.5%	41.6%	47.0%
	电池系统成本/(元/W·h)	1.007	0.97	0.927	0.89	0.858	0.837	0.817	0.798
	电池系统累计成本降幅	0%	−3.7%	−7.9%	−11.6%	−14.8%	−16.9%	−18.9%	−20.8%
价格	正极材料价格	18	16	15.2	14.7	14.3	13.9	13.5	13.1
	材料价格累计降幅	0%	−11.1%	−15.6%	−18.1%	−20.5%	−22.9%	−25.2%	−27.5%
	电池系统成本/(元/W·h)	1.007	0.964	0.946	0.935	0.927	0.918	0.909	0.9
	电池系统累计成本降幅	0%	−4.3%	−6.1%	−7.1%	−7.9%	−8.8%	−9.7%	−10.6%
设备投入	设备开支/(亿元/GW·h)	3.02	2.78	2.57	2.45	2.26	2.17	2.06	1.97
	设备开支累计降幅	0%	−7.9%	−14.9%	−18.9%	−25.2%	−28.1%	−31.8%	−34.8%
	电池系统成本/(元/W·h)	1.007	1	0.994	0.99	0.984	0.981	0.978	0.976
	电池系统累计成本降幅	0%	−0.7%	−1.3%	−1.7%	−2.3%	−2.6%	−2.9%	−3.1%
良品率	良品率	88%	90%	92%	93%	94%	95%	96%	97%
	良品率累计提升	0%	2.3%	4.5%	5.7%	6.8%	8.0%	9.1%	10.2%
	电池系统成本/(元/W·h)	1.007	0.993	0.978	0.971	0.965	0.958	0.951	0.945
	电池系统累计成本降幅	0%	−1.4%	−2.9%	−3.6%	−4.2%	−4.9%	−5.6%	−6.2%

(续)

	项目	2018年	2019年	2020年预期	2021年预期	2022年预期	2023年预期	2024年预期	2025年预期
材料直通率	正极片	90.3%	92.2%	93.2%	94.1%	95.1%	96.1%	97.0%	98.0%
	直通率累计提升	0%	2.1%	3.2%	4.2%	5.3%	6.4%	7.4%	8.5%
	电池系统成本/（元/W·h）	1.007	1	0.996	0.992	0.988	0.985	0.981	0.978
	电池系统累计成本降幅	0%	−0.7%	−1.1%	−1.5%	−1.9%	−2.2%	−2.6%	−2.9%

注：各行测算只考虑单一因素对成本的影响，实际电池系统成本由多因素共同决定，预测内容详见本书1.3节。

数据来源：华泰证券研究所

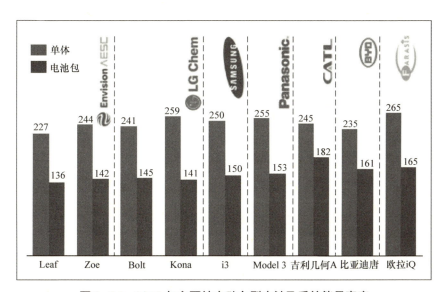

图2-34　2019年主要纯电动车型电池及系统能量密度

图片来源：公司官网，创新联盟，华泰证券研究所

（2）短期内上游原材料价格仍是影响动力电池成本的重要因素

三元正极材料中，钴价格最高，是影响三元电池材料成本最主要的因素。复盘 2005 年至今钴的价格，历史上出现的三次大幅价格上涨（2006—2007 年、2007—2008 年、2017 年），其中两次是由于供给的波动（分别是刚果金政府限制出口、美国国防后勤局停止出售钴库存），一次是由于需求的快速增加（2017 年中国纯电动乘用车产量同比增长 82.1%）。材料体系升级或降低对钴原材料的需求，对比 2019 年三元电池主流的 NCM523 到 2021 年后或将成为主流的 NCM811，单位兆瓦时动力电池对钴的需求减少了 60%，即钴的供给不增加，理论上也可满足动力电池需求同比增加 150% 的需求，因此后续钴价更多取决于供给的弹性。综合考虑终端成本压力的传导效应，中长期钴价或有阶段性震荡，但进一步上行的空间有限。对于锂资源来说，同样考虑材料的升级，单位兆瓦时对碳酸锂的需求减少 18%，需求的刚性高于钴。但由于 2019—2021 年是锂资源供给集中释放的时期，因此判断未来价格或稳中有降。但鉴于补贴连续退坡、NCM811 动力电池仍未大规模量产等原因，成本优势尚未体现，短期内 NCM532 和 NCM622 动力电池仍是整车企业青睐产品，钴、锂等上游原材料价格的波动对动力电池成本的影响仍然十分显著。2005 年至今钴价走势的情况如图 2-35 所示。高镍正极材料对钴、锂的单位需求如图 2-36 所示。

（3）动力电池良品率提升有利于成本下降

CPK 值（过程能力指数）反映的是电池企业制造的差异化，直接影响电池的性能和成本。传统汽车企业要求核心零部件企业的 CPK 值大于 1.67，而国内企业每个核心电池制造工序的 CPK 值仍在 1.33 左右。随着整车企业对供应商质量体系要求、动力电池制造装备技术水平、动力电池企业产品一致性控制能力三方面的持续提升，预计动力电池企业 CPK 值有望继续上升，推动动力电池成本不断下降。

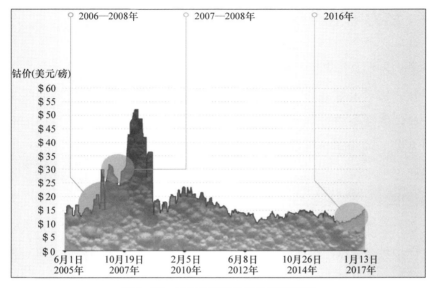

图 2-35　2005 年至今钴价走势情况

图片来源：Visual capitalist，华泰证券研究所

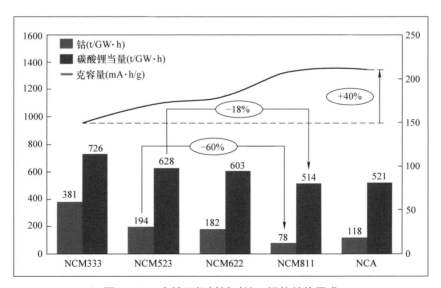

图 2-36　高镍正极材料对钴、锂的单位需求

图片来源：华泰证券研究所

2.4 动力电池产业投资情况

动力电池是投资密集型的成长性行业,需要企业持续进行产能投入以满足技术提升和成本下降的需求。据不完全统计,2019年动力电池及关键材料领域投资约为1669亿元(同比下降约12%)。从子行业看,电池板块投资额的绝对值较高,约为1194亿元,占投资总额的72%;三元电池和三元正极材料仍为主要投资方向。从投资主体看,补贴退坡降低了行业的回报率,财务投资属性下降,产业投资渐为主力,当前投资者主要为各细分子行业龙头和大的产业集团(地产商、车企等)。海外电池龙头稳步推进在华投资,LG化学、三星SDI、SKI和松下等企业均提出了电池投资计划,布局国内后补贴时代。行业典型公司的净资产收益率(ROE)水平如图2-37所示,2019年动力电池各环节的投资规模如图2-38所示。

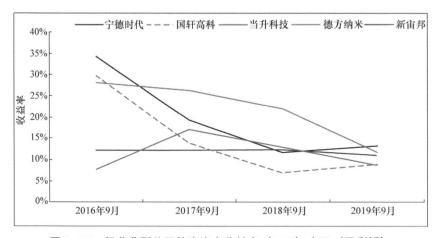

图2-37 行业典型公司的净资产收益率(ROE)水平(见彩插)

图片来源:公司公告,华泰证券研究所

为方便对比,根据每GW·h电池所需四大材料的数量,对各环节新增产能进行归一化分析。从新增归一化产能角度,2019年电解液和负极材料环节取代正极材料成为扩产主力。各环节扩产产能分析如图2-39所示。

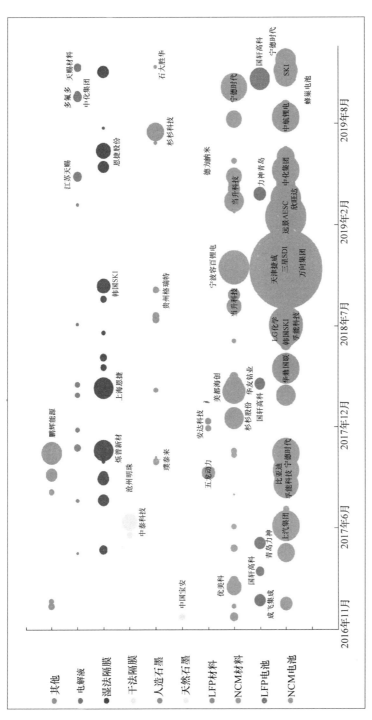

图 2-38 2019年动力电池各环节投资规模

注：圆圈大小代表项目投资规模。

对于未披露投资规模的项目，本图基于每GW·h动力电池分别对应电池投资5亿元、三元正极投资5400万元、磷酸铁锂正极投资3200万元、人造负极材料2400万元、电解液投资300万元、湿法隔膜投资7800万元估算。

图片来源：创新联盟，华泰证券研究所

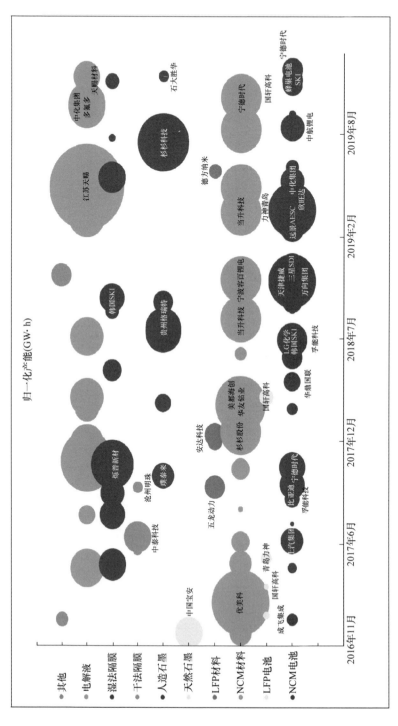

图 2-39 各环节扩产产能分析

海外企业持续推动产能投入，布局后补贴时代。 近两年外资电池企业持续投入中国市场，2018—2019年共计投入约787亿元，布局中国新能源汽车后补贴时代。从投资领域看，主要投向三元电池。国内电池材料产业的完善度在全球领域最高，产业集聚带来规模优势，在华建厂有助于降低电池原材料采购成本。随着国内补贴退坡和特斯拉在国内工厂产能爬坡，海外电池企业在华产能投资或将继续提升。外资企业投资方向如图2-40所示，2018—2019年外资电池厂产能的投资情况如图2-41所示。

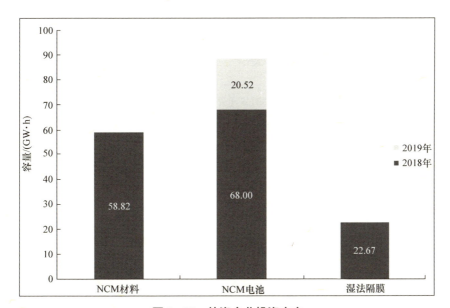

图2-40 外资企业投资方向

注：项目日期采用最早提出的时间口径。
图片来源：高工锂电，第一电动网，华泰证券研究所

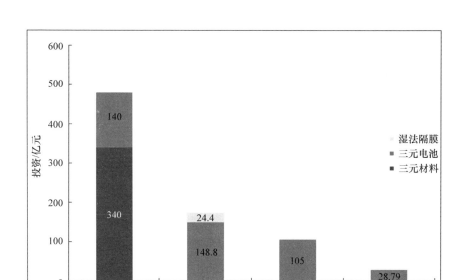

图 2-41 2018—2019 年外资电池厂产能投资情况

注：三元材料投资额为整体项目口径。
图片来源：高工锂电，第一电动网，华泰证券研究所

2.5 动力电池标准建设情况

  作为电动汽车的核心部件，动力电池对整车安全性、成本、续驶里程、用户体验等具有直接影响。随着动力电池系统电压和能量密度的持续提升，电动汽车存在的潜在电击伤害、起火、爆炸等危险发生的概率同样增大。因此针对动力电池领域，我国已经构建了比较完善的测试标准体系，主要包括电性能、安全性、循环寿命、互换性、系统附件、回收利用这六大类标准，覆盖了动力电池单体、模块、系统等全产品层级。国内动力电池标准体系如图 2-42 所示。

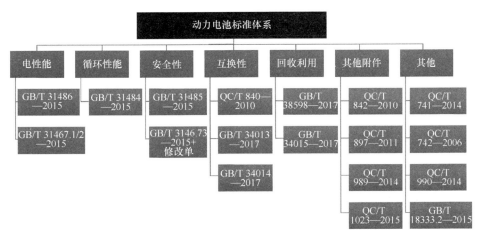

图 2-42 国内动力电池标准体系

图片来源：中汽中心

2.5.1 国家标准及行业标准

1. 电性能

在动力电池电性能领域，已发布的动力电池电性能测试标准汇总见表 2-9。

表 2-9 动力电池电性能测试标准汇总

序号	标准号	标准名称	测试对象
1	GB/T 31486—2015	电动汽车用动力蓄电池电性能要求及试验方法	单体、模块
2	GB/T 31467.1—2015	电动汽车用锂离子动力蓄电池包和系统 第1部分 高功率应用测试规程	包或系统
3	GB/T 31467.2—2015	电动汽车用锂离子动力蓄电池包和系统 第2部分 高能量应用测试规程	包或系统

数据来源：国家标准化管理委员会

表 2-9 中的标准对动力电池单体、模块、包和系统的电性能测试规定了明确的要求和试验方法。其中 GB/T 31486—2015 是对电池单体和模块的测试标准，涵盖了低温性能、高温性能、倍率性能、存储性能等主要

部分，既明确了测试方法，又规定了试验要求。GB/T 31467.1—2015 是对高功率型电池系统的测试标准，涵盖了低温性能、高温性能、功率和内阻、存储性能、冷启动性能、能量效率等主要部分，明确了测试方法。GB/T 31467.2—2015 是对高能量型电池系统的测试标准，涵盖了低温性能、高温性能、功率和内阻、存储性能、能量效率等主要内容，明确了测试方法。

2. 安全性

在动力电池安全性领域，动力电池安全性测试标准及报批稿汇总见表 2-10。

表 2-10　动力电池安全性测试标准及报批稿汇总

序号	标准号	标准名称	测试对象
1	GB/T 31485—2015	电动汽车用动力蓄电池安全要求及试验方法	单体、模块
2	GB/T 31467.3—2015	电动汽车用锂离子动力蓄电池包和系统 第3部分 安全性要求和测试方法	包或系统
3	待定	电动汽车用动力蓄电池安全要求	单体、包或系统

数据来源：国家标准化管理委员会

表 2-10 中的标准对动力电池单体、模块、包和系统的安全性测试规定了明确的要求和试验方法。其中 GB/T 31485—2015 是对电池单体和模块的测试标准，包括电滥用（过充电、过放电、短路）、热滥用（加热）、环境可靠性（温度循环、高海拔、海水浸泡）、机械可靠性（挤压、针刺、跌落）等主要内容，既明确了测试方法，又规定了试验要求。

GB/T 31467.3—2015 是对电池系统的测试标准，涵盖了机械可靠性（振动、机械冲击、跌落、翻转、模拟碰撞、挤压）、环境可靠性（温度冲击、湿热循环、海水浸泡、外部火烧、盐雾、高海拔）、电安全性（过温保护、过充电保护、过放电保护、短路保护）等，既明确了测试方法，又规定了试验要求。

为进一步加强安全技术支撑体系，建立安全标准规范体系，强化远程运行的监控体系，健全安全责任体系，2016年，国家标准化管理委员会下达动力电池安全性强制标准的制定计划，经过两年多的制定工作目前已经形成了报批稿。该标准一方面基于已有的GB/T 31485—2015和GB/T 31467.3—2015，对电池单体、模组、电池包或系统的试验方法与安全要求进行了系统梳理，同时与GTR.20、ECE R100、ISO 6469-1、IEC 62660-2/3等最新的国际标准法规进行对标，另一方面是基于对近几年国内外电动汽车安全事故的经验总结以及对国内外电动汽车安全失效与防范机制的进一步理解之上。在内容上，该标准对原有标准测试项目进行了一定的删减和修改，包括删除了电池模组安全性、单体针刺、单体低气压、单体跌落、单体海水浸泡以及电池包电子装置振动、跌落和翻转等测试项目。同时，针对电池单体过充电、电池单体挤压及电池包或系统振动、机械冲击、模拟碰撞、挤压、浸水安全、湿热循环、温度冲击、外部火烧、盐雾、高海拔、过温保护、短路保护、过充电保护、过放电保护等项目进行修改，增加电池包或系统热扩散和过电流保护等项目。预计该项强制性标准正式发布后，将会替代GB/T 31485—2015和GB/T 31467.3—2015。已有的两项推荐性标准预计将会重新进行修订，可能的修订方向包括新增或删减测试项目，以及针对特定测试项目增加前置试验，考察综合因素作用下的电池安全性等。

3. 寿命

在动力电池循环寿命领域，已发布或报批的动力电池循环寿命测试标准见表2-11。

表2-11 动力电池循环寿命测试标准

序号	标准号	标准名称	测试对象
1	GB/T 31484—2015	电动汽车用动力蓄电池循环寿命要求及试验方法	单体、模块、包或系统

数据来源：国家标准化管理委员会

GB/T 31484—2015 对动力电池单体、模块和系统的循环寿命规定了详细的测试方法和试验要求。将循环寿命分为标准循环寿命和工况循环寿命，并根据实际使用工况的不同，分为混合动力乘用车用功率型、混合动力商用车用功率型、纯电动乘用车用能量型和纯电动商用车用能量型这四种不同工况。

未来有可能将针对 GB/T 31484—2015 中的内容进行修订，一方面结合现有产品性能以及实际充放电工况等因素，对室温放电容量、标准循环寿命和工况循环寿命等内容进行调整与修改。另一方面，将充分与国内外标准进行协调（例如结合最新发布的 GB/T 38146.1—2019《中国汽车行驶工况 第1部分：轻型汽车》），以更好地确保标准的适用性。

4. 互换性

在动力电池互换性领域，已发布动力电池互换性标准见表 2-12。

表 2-12　动力电池互换性标准

序号	标准号	标准名称	测试对象
1	GB/T 34013—2017	电动汽车用动力蓄电池产品规格尺寸	单体、模块、包或系统
2	QC/T 840—2010	电动汽车用动力蓄电池产品规格尺寸	单体和模块

数据来源：国家标准化管理委员会

表 2-12 中的标准对电动汽车用动力蓄电池单体、模块及标准箱的规格尺寸进行了规定。其中，有可能将对 GB/T 34013—2017 进行修订，综合考虑现阶段实际情况以及未来产品技术的主流发展趋势，可能的修订内容包括针对规范对象、单体及模组规格尺寸范围以及公差要求等内容进行调整，以规范和引导动力蓄电池健康、快速地发展。

5. 充电

充电标准方面，国际上主流的充电标准包括以 IEC 为主的欧标、以 SAE 为主的美标以及中国标准。共性方面，三个标准体系框架接近，主要包括充电系统、充电接口、通信协议、车载充电机与非车载充电机的技术要求。差异性方面,欧标、美标的充电标准均是由汽车行业牵头。而对于中国标准,由于电动汽车充电技术涉及电动汽车行业和充电设施行业以及两者的交集,因此,基本是由两个行业共同制定。

国内充电相关标准体系如图 2-43 所示,包括了从充电系统到车辆、供电设备再到高压附件的技术要求。国内充电相关标准见表 2-13。

表 2-13 国内充电相关标准

序号	规定部分	标准名称
1	充电系统	GB/T 18487.1《电动汽车传导充电系统 第1部分:通用要求》
2	供电设施	NB/T 33001 非车载充电机的技术标准
3		NB/T 33002 交流充电桩的技术标准
4		NB/T 33008 非车载充电机/交流充电桩的测试标准
5		NB/T 42077 模式 2 充电器的技术标准
6		GB/T 34657.1《电动汽车传导充电互操作性测试规范 第1部分:供电设备》
7	通信与连接	GB/T 20234.1/2/3 电动汽车传导充电连接装置
8		GB/T 27930《电动汽车非车载传导式充电机与电池管理系统之间的通信协议》
9		GB/T 34658《电动汽车非车载传导式充电机与电池管理系统之间的通信协议一致性测试》
10	电动汽车	GB/T 34657.2《电动汽车传导充电互操作性测试规范 第2部分:车辆》
11		QC/T 895 车载充电机的技术标准
12		GB/T 24347《电动汽车 DC/DC 变换器》

数据来源:国家标准化管理委员会

其中,2015 年发布的 15 版新国标 GB/T 18487.1—2015、GB/T 27930—2015、GB/T 20234.1—2015、GB/T 20234.2—2015 和 GB/T 20234.3—2015 被称为充电五项标准,规定了电动汽车充电系统的技术规范。在此基础上,2017 年发布了规定了电动汽车传导充电互操作测试规范的 GB/T 34657.1—2017 GB/T 34657.2—2018 和通信协议一致性测试规范的 GB/T 34658—2017,实现了技术标准和测试规范的统一,至此形成了完整的电动汽车传导充电标准体系。目前再次启动了充电五项国标的修订工作。电动汽车充电系统标准体系如图 2-43 所示。

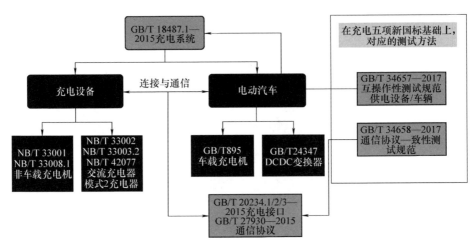

图 2-43 电动汽车充电系统标准体系

数据来源：国家标准化管理委员会

6. 电池系统关键附件

在动力电池系统附件领域，动力电池附件类标准及报批稿见表2-14。

表 2-14 动力电池附件类标准及报批稿

序号	标准号	标准名称	测试对象
1	QC/T 897—2011	电动汽车用电池管理系统技术条件	电池管理系统
2	QC/T 989—2014	电动汽车动力蓄电池系统电池箱通用要求	电池箱
3	待定	电动汽车电池管理系统技术条件	电池管理系统
4	待定	电池包液冷系统密封性能要求及试验方法	电池热管理系统

资料来源：国家标准化管理委员会

表2-14中的标准对电池系统的关键附件进行了详细的规定和要求。其中QC/T 897—2011明确了电池管理系统的基本功能，包括数据采集和处理、安全预警与控制、剩余电量估算与指示、充放电能量管理与过程控制、信息处理与通信等，并根据实际工作条件规定了过电压运行、欠电压运行、高温运行、低温运行、耐高温性能、耐低温性能、耐盐雾性能、耐湿热性能、耐振动性能、耐电源极性反接性能以及电磁辐射抗扰性等方面性能的测试方法。

QC/T 989—2014规定了蓄电池箱的一般要求、安全要求、机械强度、外观与尺寸、环境要求、组装要求、试验方法、标识与标志、运输储存与维护等通用要求。

为进一步完善电池管理系统的功能性需求和安全性需求，GB/T 38661—2020《电动汽车用电池管理系统技术条件》规定了电动汽车用电池管理系统的基本功能、状态参数、SOC估算精度、故障诊断、绝缘性能、电气适应性、环境适应性及电磁兼容性能等相关试验方法和试验要求。

随着电池能量密度的不断提升，电池包内液冷系统的采用比例也在逐年增加。在实际使用中，液冷系统密封性能不良可能造成电池发生短路、电池包起火等危害人身安全的事故，因此电池包液冷系统的密封性能尤为重要。《电池包液冷系统密封性能要求及实验方法》行业标准在2019年进行了立项工作，该标准主要将对锂离子动力电池包或系统用液冷系统的技术要求、密封性试验方法进行规定，预计将包括试验准备、常温密封试验、带载振动密封试验、内部腐蚀密封试验、冷热循环密封试验和压力循环密封试验等测试项目。

7. 回收利用

在动力电池回收利用领域，已发布动力电池回收利用标准见表2-15。

表2-15 动力电池回收利用标准

序号	标准号	标准名称	主要内容
1	GB/T 33598—2017	车用动力电池回收利用 拆解规范	电池拆解
2	GB/T 34015—2017	车用动力电池回收利用 余能检测	退役电池余能检测
3	GB/T 34014—2017	汽车动力蓄电池编码规则	电池编码规则

数据来源：国家标准化管理委员会

表2-15中的标准对动力电池回收利用过程起到了规范和引导作用。其中GB/T 33598—2017规定了电动汽车用废旧动力电池拆解工作的术语

和定义、一般技术要求、作业程序及存储和管理要求，主要适用于电动汽车用废旧锂离子动力电池、金属氢化物镍蓄动力电池的电池包（组）、模块的拆解。GB/T 34015—2017规定了电动汽车用废旧动力电池余能检测的术语和定义、检测要求、检测流程及检测报告等相关内容，主要适用于电动汽车用废旧锂离子动力电池和金属氢化物镍蓄动力电池单体、模块的余能检测。GB/T 34014—2017规定了汽车动力蓄电池编码的对象、代码结构和数据载体，主要适用于汽车动力蓄电池、超级电容器及其他可充电储能装置等。

此外，目前仍有4项回收利用领域标准处于报批阶段，动力电池回收利用报批标准汇总见表2-16。

表2-16 动力电池回收利用报批标准汇总

序号	标准号	标准名称	主要内容
1	待定	车用动力电池回收利用 梯次利用要求	梯次利用
2	待定	车用动力电池回收利用 材料回收要求	材料回收
3	待定	车用动力电池回收利用 包装运输规范	包装运输
4	待定	车用动力电池回收利用 拆卸要求	电池系统拆卸

数据来源：国家标准化管理委员会

同时，有一系列的相关标准正处于规划、可行性论证以及申报立项中，总共包括通用要求、梯次利用、再生利用和管理规范四个门类。最终有望形成的动力电池回收利用标准框架（预计）汇总见表2-17。

8.动力电池制造及装备

动力电池制造标准规定动力电池制造过程的工艺、方法、质量控制、生产管理、交付和服务等相关的内容；装备标准规定动力电池制造装备的要求、规格、性能、使用、维护、验收、服务的相关规范。已发布工程装备标准见表2-18。

表 2-17 动力电池回收利用标准框架（预计）汇总

序号	标准范围		
	第一段	第二段	第三段
1	车用动力电池回收利用	通用要求	a 拆解指导手册编制规范
2			b 术语和定义
3			c 退役技术条件
4			d 分类技术规范
5			e 企业安全生产通用要求
6			f 绿色工厂评价规范
7		梯次利用	a 余能检测
8			b 拆卸要求
9			c 梯次利用要求
10			d 梯次利用产品标识
11			e 可梯次利用设计指南
12			f 剩余寿命评估规范
13		再生利用	a 拆解规范
14			b 材料回收要求
15			c 放电技术规范
16			d 回收处理报告编制规范
17		管理规范	a 包装运输规范
18			b 回收服务网点建设规范
19			c 装卸搬运规范
20			d 存储规范

数据来源：国家标准化管理委员会

表 2-18 已发布工程装备标准

序号	标准号	标准名称
1	GB/T 38331—2019	锂离子电池生产设备通用技术要求
2	JB/T 12763—2015	锂离子电池卷绕设备
3	DB44/T 1668—2015	锂离子电池连续焊接机
4	DB44/T 1925—2016	锂离子电池刮片设备

数据来源：国家标准化管理委员会

正在起草工程装备标准见表 2-19。

表 2-19　正在起草工程装备标准

序号	标准号	标准名称
1	2015-1325T-JB	锂离子电池极片涂布机
2	2015-1326T-JB	锂离子电池叠片机

数据来源：国家标准化管理委员会

随着锂电池生产技术的不断发展，锂电池制造工艺及装备也不断进步，产业应按照科学合理、协调配套、总体规划、分步实施的原则，加快落实相关标准的制修订，优先制定装备的基础和通用类标准、安全性能标准以及产品生产环境和回收环节所需的标准，加快已立项标准的制定进度，注重与各相关领域标准的衔接。中国汽车动力电池产业创新联盟的动力电池装备相关标准的编制计划见表 2-20，后期根据产业发展需求不断修订和完善，尽快列入国标工作计划中。

表 2-20　动力电池装备相关标准编制计划

序号	标准名称	立项时间	发布时间
1	锂离子电池尺寸规格规范	2020 年	2021 年
2	智能制造动力电池装备的分类和编码	2020 年	2021 年
3	基于 OPC UA 的锂电制造车间网络架构	2020 年	2021 年
4	锂离子电池智能制造设备的分级与评价规范	2020 年	2021 年
5	电池极片辊压设备	2021 年	2022 年
6	锂离子电池连续焊接机	2021 年	2022 年
7	锂离子电池化成分容机	2021 年	2022 年
8	锂离子电池合浆机	2021 年	2022 年
9	锂离子电池极片测试规范	2022 年	2023 年
10	锂离子电池浆料测试规范	2022 年	2023 年
11	锂离子电池化成分容测试规范	2022 年	2023 年
12	锂离子电池测试规范	2022 年	2023 年

数据来源：深圳吉阳

2.5.2 团体标准

为进一步完善动力电池标准体系，丰富行业标准，国内在近些年启动了动力电池领域的团体标准制定工作。团体标准区别于传统的国家标准和行业标准，具有以下三个主要特征：

（1）时效性

从标准立项到实施时间相对较短，能够针对当前行业痛点给出快速响应。

（2）前瞻性

标准内容需具有足够的先进性和可行性，从而可以对于新技术和新产品起到规范引导作用。

（3）广泛性

团体标准是对国家标准体系的有效补充和完善。

在动力电池领域，中国汽车工业协会、中国汽车工程学会、中国汽车动力电池产业创新联盟等社团组织在过去一两年内开展了大量的团体标准的制定起草工作，下面针对2019年发布的若干项团体标准分别进行介绍。

1. 寿命

动力电池一直是消费者在购买电动汽车时关注的热点，一方面关心安全问题，另一方面便是关心质保期或使用寿命。动力电池的寿命通常可分为常规循环寿命、工况循环寿命和日历寿命等。针对前两者，现有标准已经有了具体的测试方法，但是关于日历寿命，目前国内尚无相关的技术标准。

CSAE 118—2019《锂离子动力电池单体日历寿命试验方法》基于第三方测试机构及整车和电池企业实际积累的测试经验，同时参照国外测试手册中给出的测试方法，详细规定了开展日历寿命（即搁置老化）测试所需要开展的测试流程和测试内容。通过一定的加速测试，以实现对电动汽车用锂离子动力电池日历寿命的预测和快速评价。

2. 互换性

在动力电池互换性方面，2019 年最新发布的标准主要为 T/CAAMTB 16—2019《电动汽车用动力蓄电池模组产品规格尺寸》。T/CAAMTB 16—2019 给出了电动汽车用动力电池模组尺寸的具体规格要求。该标准制定的背景和目的是希望在已有国标的基础上，侧重于从整车端出发，进一步规范动力电池模组尺寸标准，以团体标准的方式为企业提供尺寸标准的推荐建议。同时，进一步规范国内动力电池模组尺寸，推动新能源汽车动力电池箱等关键零部件进行一体化设计，进一步降低生产成本。该标准对汽车用动力电池乘用车模组尺寸和商用车模组尺寸分别进行了规范和推荐，其中乘用车模组 N2 和 N3 方向尺寸各 2 种，商用车模组 N2 和 N3 方向尺寸分别有 2 种和 3 种。N2 和 N3 方向尺寸可自由组合使用。

3. 电池系统关键附件

电动汽车跨越不同地理区域，会面临着复杂的环境多样性问题。而温度是影响动力电池寿命、性能和安全性的一个重要因素，电动汽车在极热和极寒地区都可能会遇到寿命衰减过快和续驶里程不足等问题。电池热管理系统是电池包/系统中最为关键的附件或子系统之一，对电池的温度监控和管理有重要的影响。在高温和低温下它能有效地将电池控制在"舒适"的工作温度区间范围。

T/CSAE 117—2019《动力电池热管理系统性能（台架）试验方法》的制定即为了针对动力电池系统温度适应性的客观、科学评价，提供可具参考意义的测试评价流程和指标。该标准中给出了热管理系统基本功能的定义，以及针对其冷却性能、加热性能、保温性能和均温性能开展的具体测试工况以及步骤等。

中国汽车动力电池产业创新联盟组织编制的《电动汽车用电池管理系统设计规范》为车用电池管理系统的设计提供了规范性的指导，特别是在产品的安全设计较全方面地汇总了行业内主流及最新的设计思想和实际案例。标准说明了电动汽车动力蓄电池管理系统的设计架构、各个功能项的设计及注意事项、安全相关专题设计、产品开发过程管理、产品测试及生产要求等,同时也提供了一些安全设计的案例。

4. 回收利用

在动力电池回收利用方面,2019年最新发布的标准主要为T/CSAE 116—2019《电动汽车用锂离子蓄电池单体拆解技术规范》。

其中《电动汽车用锂离子蓄电池单体拆解技术规范》起草的背景主要是考虑到目前国内对动力电池单体的拆解及相关分析技术尚处于起步阶段,虽然已经形成了一些较为成熟的拆解经验和流程,但尚未形成相关拆解规范或标准。已发布的GB/T 33598—2017《车用动力电池回收利用 拆解规范》规定了车用废旧动力蓄电池包和模块的拆解规范,但其不适用于车用废旧动力蓄电池单体的拆解。国外也尚无动力蓄电池单体的相关拆解技术标准。此标准分别针对结构分析拆解和回收利用拆解两个应用场景,从一般要求、装备要求、场地要求、安全要求和作业程序等方面进行了详细的规定。

2.5.3 国际标准

基于国内动力电池领域标准,我国目前正积极参与国际标准规范的起草工作,包括电动汽车安全全球法规(EVS-GTR)以及ISO TC22-SC37-WG3等,并主导了电动摩托车及轻便摩托车用锂离子动力电池系统测试方法及要求的起草工作。

1. 电动汽车安全全球法规(EVS-GTR)

我国积极牵头参与电动汽车安全全球法规(EVS-GTR)的制定工作。在第一阶段,我国专家作为小组负责人,负责并主导TF1(电动车遇水后的触电防护)、TF5(电池热失控、热扩散)和TF8(商用车安全要求)等工作组工作。在上述方面做了大量工作,并取得显著成果。目前

UN GTR 20 已正式发布。

在第二阶段，我国将继续深度参与新能源汽车全球法规制定工作，在电动汽车动力电池热扩散、浸水安全、振动安全、有毒气体防护等领域发挥更加积极的作用。

2. ISO TC22-SC37-WG3

国际标准化组织（ISO）层面目前正在开展 ISO 6469-1 Amd 的研究制定工作。该修改目前处于草案阶段，主要涉及热失控触发方法、热扩散风险评估及降低方法说明等方面内容。结合中国在 EVS-GTR 的工作基础，目前正积极输出企业设计文件内容规范、热失控触发方法与判定条件等提案。

2.6 动力电池安全防护分析

近年来，在我国新能源汽车产业快速发展的带动下，作为新能源汽车核心部件的动力电池，其产业得到了迅猛发展，动力电池技术水平不断提高，能量密度也不断提升。新进市场的电动汽车多数搭载高能量密度电池，电动汽车因电池热失控蔓延而起火的风险进一步加剧。虽然并非所有事故都源于电池，但是动力电池作为高电压能量储存单元，本身便具有起火、爆炸、电击等风险，其安全风险值得全行业重点关注。如何深入认识并规避电池的安全风险，进一步提高动力电池的安全性，确保乘客、车辆以及社会的安全，消除消费者对新能源汽车的安全顾虑，是全球全行业共同面对的挑战。

2.6.1 我国动力电池产业安全整体形势

近三年来，新能源汽车的国家补贴标准与车辆的续驶里程、能耗以及动力电池能量密度等指标均紧密相关。续驶里程越长、能耗越少、电池能量密度越高，则补贴越多。受限于乘用车的整体尺寸，留给动力电池安装的空间相对较小，想要增加续驶里程并降低能耗，最直接的方法就是在维持电池系统布置空间尺寸不变的前提下，增加电池系统的总能量并减小电池重量，即提高电池系统的能量密度。因此，电动汽车搭载高能量密度的动力电池系统成为整车生产企业的首选。

基于目前锂电池的制造技术和工艺，提高电池包的能量密度，一是选择更高能量密度的电池，二是降低整体电池包的重量。三元锂电池的能量密度高于磷酸铁锂电池；镍钴锰三元锂电池中，镍含量越高则能量密度越高。大容量的电池可以缩减电池外壳重量占比，进一步提高电池的能量密度。因此，大容量高镍三元锂电池成为主流技术。随着镍含量的提高，动力电池的能量密度也得到提高，但是动力电池单体的热稳定性变差，电池的热失控风险随之增加，电池组的安全风险也随之升高，安全性面临更加严峻的挑战。为了减小电池包的重量，则只能考虑减小电池包内部其他零部件的重量，比如外壳、热管理系统、电池机械支撑部件等。这些零部件为电池提供着不同层面的保护，一旦缩减或变更，就可能增加电池包的安全风险，必须谨慎考虑且全面评估。

据中汽协统计，2019年新能源汽车销量为120.6万辆。新进市场的电动汽车多数搭载高能量密度的电池系统，电池热失控起火蔓延风险较高。大量进入市场的新能源汽车在行驶了一定年限后，电池机械部件和电气部件开始出现松动、磨损、破损、老化等情况，故障起火案例随之增加。这两年来，新能源汽车起火事件屡有发生，据不完全统计，2018年1—10月我国发生新能源汽车起火事件40多起，2019年我国发生新能源汽车起火事故70余起。在已知的事故中，从动力电池的化学物质来看，绝大多数事故车辆配备的是三元锂电池；从电池形状看，半数以上为方形硬壳电池；从发生季节来看，事故在夏季高发；从新能源汽车状态来看，在行驶、搁置和充电状态均有发生，充电时和充电后事故概率较高。从更长远来看，提高动力电池的安全性，确保乘客、车辆以及社会的安全，消除消费者对新能源汽车的安全顾虑，仍然是当前新能源汽车推广应用过程中的重要任务。

2.6.2 动力电池的安全风险和主要防护手段

目前国内的新能源汽车主要采用锂离子电池作为其动力储能系统。这里基于锂电池来探讨动力电池的安全风险和主要防护手段。

1. 动力电池的安全风险

锂电池电芯是由正负极电极、隔膜、电解液、输出极耳、外壳部件等组成的电化学储能单元。其中隔膜容易受到各种内外因素（如毛刺、过充电产生的枝晶、挤压变形、穿刺、异物颗粒等）的影响而破裂，造成电池内部短路。如果短路产生的热量不能被及时带走，就会引发电池内部热失控，释放出大量的热量和气体。热量和可燃物质扩散到临近的电池上，就会引起该电池也发生热失控，造成热失控蔓延，引起整个电池包起火。如果可燃气体无法有效释放而在电池包内部不断累积，那么一旦达到爆炸水平，整个电池包就会爆燃或爆炸。目前动力电池的容量和能量密度不断增加，热失控时能量释放更为剧烈和持久，温度上升速度更快，安全风险更高。

目前多数乘用车的动力电池系统电压为DC100~400V，而商用车动力电池系统的电压可达DC600V，误触带电体或者系统绝缘设计不可靠，将会导致电击危害。此外，电动汽车在使用过程中可能会发生碰撞和冲击等严苛情况，并承受高低温、潮态、盐雾、沙尘等严苛环境，很容易造成外壳破裂或者损伤，绝缘材料破损或者失效，进而造成电池包高压件外露或者外壳漏电等情况，加剧电击风险。

2. 动力电池的安全防护

锂离子动力电池存在起火、爆炸、电击等安全风险，必须加强对锂电池系统的安全防护，以降低安全事故发生的概率。可以从电池、模块、控制系统和电池系统四个层级来着手进行分析，也可以从电池设计、制造管控、滥用防护和监控预警四个方面来提高锂电池的安全性。然而，为了提高电池的安全性，往往会增加电池的成本，并影响电池的性能。因此，在实际电池设计和制造过程中，需要全面衡量各方面的影响因素，择优而行。

（1）锂电池的安全防护

锂电池是动力电池包中基本的能量存储单元，其安全性是整个锂电池系统安全中的首要环节。劣质的电池会造成起火或者爆炸，并释放出有害烟雾，因此应该从电池设计和质量管控来提高锂电池的安全性，而电池的滥用防护应该涵盖在模块和控制系统的安全设计中。

1）市面上的锂电池有圆柱形、方形硬壳和软包装三种，每种形状的三种设计都有其优势，同时也存在着一些无法避免的缺点。

① 18650圆柱形电池的制造与使用已超过30年，其卷绕式的生产工艺技术非常成熟，可全自动化生产，质量稳定且价格低廉。从技术层面来说，18650电池一致性好，电池的失效模式容易管控，其安全散热路径就相对容易管理。然而，18650单体电池容量有限，若要组成较大的电动车用动力储能系统，势必需要众多的小容量电池串并联而产生无数的电气连接点。电池管理系统需要采集并管理这些电池，导致系统设计特别复杂，系统成本随之增加。此外，过多的连接点也带来了较高的连接失效风险。若能提升电池单体的电容量，则是一个解决方法。

② 方形硬壳电池在电池系统中容易排列，热管理与导流系统也较容易设计。方形硬壳电池的容量可以做到很大，单体电池的电容量可以做到100A·h以上甚至数百安时。硬壳圆柱形或硬壳方形电池，都必须有泄压阀的安全设计，确保在热失控的情况下不会造成壳体爆裂，所有内部压力都应该从泄压阀释出。相比小容量电池，大容量的方形硬壳电池的能量

密度更高。但是，大容量电池内部所含能量巨大，一旦电池出现内部热失控，往往就会持续地释放出高温可燃气体，很容易引起周围材料的燃烧以及周边电池的热失控，造成热失控蔓延到整个电池包，因而不可过度追求大的电池容量和高的能量密度。

③ 铝塑膜软包装电池与方形硬壳电池相比较，软包电池的机械强度较差，需要在电池系统中增加电池的保护壳体或支撑板来限缩电池的膨胀空间并强化其机械强度。

2）就电池内部设计而言，电极片分成卷绕式和叠片式两种不同的设计。卷绕式设计十分常见，量产制造容易而且成本较低，其缺点是卷绕时内外层会受到不同的应力。若是压平的卷绕式极卷设计，则这种应力不均的问题更加明显。极卷的应力不均会造成电池形变，在异常情况下，造成极片之间局部区块接触不良，锂离子分布不均，可能造成锂金属的产生而带来安全隐患。相对来说，叠片式的极片设计，虽然制造成本较高，但是应力分布不均的问题则很少。

3）事实上，锂电池的安全问题与材料有很大的关联性。比如隔膜材料，目前 PE/PP/PE 塑料复合隔膜的融解温度基本在 150℃左右，但双面陶瓷涂覆的 PE 隔膜的融解温度则可达 180℃，选择后者可以有效地提高电池耐高温能力，并降低热失控的概率。不同正负极材料的锂电池，安全性差异也较大。$LiFePO_4$ 电池的能量密度较低但其热稳定性更好，三元电池的能量密度较高但其热稳定性较差，选择前者无疑有利于电池安全性的提高。此外，最关键的还是锂电池的电解液本身便是可燃性材料。全球许多锂电池研究机构都在研究利用难燃性的电解液或者添加具有阻燃性的添加剂，来改善锂电池的安全性。

然而，这些开发中的技术多数仍然不够成熟，通常会影响电池的性能或寿命，所以仍然无法被市场所接受。以现阶段而言，从锂电池层面抑制起火风险难度极高，更多是在模组和系统层面考虑电池热失控起火蔓延的抑制措施。

4）许多实际的锂电池相关事故都指向了锂电池的质量缺陷问题，比如生产过程中产生的毛刺、活性物质涂覆不均、极耳焊接工艺缺陷等问题。电池生产工厂应该建立严格的生产质量管控体系来控制电池的品质，提高电池的安全性。

然而事实上，除非是系统性的质量管控出错，电池产品如果质量出现问题，追根究底，还是与电池产品的设计有着或多或少的关联。举例来说，为了提升动力电池能量密度，使用了较薄的隔膜，但却会造成产品的制造质量管控难度提升，产品质量很容易有瑕疵产生。因此，电池设计仍然是提高电池安全性的根本，而质量瑕疵是加乘因子。

（2）**锂电池模组的安全防护**

电池模组是电池和电池包间的中间单元，由多个电池经串并联方式组合而成，通过压条、金属紧固件、螺栓等方式固定在动力电池包的下托盘上。电池之间通过极耳相连，电池模组对电池起到支撑、固定和保护作用。模组的安全，可以从机械、电气和热量管理设计以及质量管控方面来考虑。

从机械设计和质量管控来看，模组内电池之间的连接必须可靠牢固，可以经受车辆行驶过程中受到的机械作用力和振动。在电池连接工艺选择上，尽可能选择阻抗低的连接结构可以更好地减少大电流充放电时的一部分发热量，从而降低电池热失控发生的概率。软包装电池由于其本身没有坚硬的外壳，在成组时需要考虑增加刚性支撑结构件用于机械保护。电池在长期循环老化之后均会出现一定程度的鼓胀或形变，对模组进行设计时，需要考虑在电池之间加入合适的弹性材料来吸收电池的形变，并缓冲正常行驶过程中的机械冲击力。

对于模组中有并联电池设计的，应考虑在并联电池之间增加熔断器或者熔断结构，防止并联结构中某单体电池内短路之后，其他多个电池对这个电池进行充电的现象，进而增加电池热失控的风险。

在热量管理设计方面，可以选择更合理的模组结构使电池内部以及不同电池之间的热分布更加均匀，降低个别电池出现过热的风险。如果一个模组内电池之间的热扩散很难抑制，那么要更多地考虑模组之间的热扩散抑制。通常来说，控制模组的总能量并增加模组之间的距离可以有效地降低模组间热扩散的风险。

模组的组装和安装要做到作业标准化、流程化，避免出现组装错位、遗漏工序、用错物料。要有完善的测试和检查机制，将不合格的产品筛选出来，确保产品的一致性。

（3）控制系统的安全防护

动力电池系统的正常运行主要依赖电池管理系统（BMS）的控制。BMS设计者首先要明确电池的安全工作边界参数，根据不同的边界条件值来设置合适的保护参数和策略，确保在电池系统的整个生命周期内，电池都工作在其安全范围内。在保护机制上，需要充分考虑短路保护、充放电的电压/电流、温度范围等保护。另外，许多实验数据显示，电池的老化会造成电池的安全边界偏移。在设计BMS的时候，也需要考虑到随电池的老化适当调整保护参数。

（4）电池系统的安全防护

动力电池系统是由电池、模组、控制系统、辅助功能模块以及外壳组成的一个完整系统。对于动力电池系统的安全防护，也可从设计、质量管控和滥用防护三方面来考量。设计安全是实现动力电池系统安全的首要条件，而设计安全的实现依赖于严苛的生产质量管控。

动力电池系统在使用过程中，会和整车一起承受各种严苛的机械环境条件，比如高低温冲击、振动和机械冲击、道路石子撞击、交通车辆碰撞等异常情况。电池包的外壳应有优良的机械强度，保护电池包内部零部件免受损坏或者暴露。内部塑料绝缘件应该具有合适的温度等级和电气机械强度，防止长时间使用后出现绝缘衰减、老化形变等问题。动力电池包内部的线缆、带电体、保护零部件等都应该可靠固定或限位固定，防止在长期使用过程中出现移位、松动、磨损或者脱落，造成电击、起火等风险。电气连接方面，应可靠连接并有锁紧装置，并充分考虑机械振动和冲击对连接处的应力影响，确保在整个使用周期内连接都可靠。

高压电路和外壳之间以及与可以接触的低压电路如通信电路之间应该有良好的电气绝缘。电池包应该有一定的防水防尘等级，防止外部盐雾或者潮气环境侵入电池包内部，影响电池包的绝缘性能。电池管理系统需要配有绝缘阻抗监测功能，在绝缘阻抗降低到一定限值时及时报警，当降低到安全限值时，需要考虑切断高压电路。在车辆发生严重事故的时候，要考虑及时断开高压电路，防止人员接触高压带电体发生触电风险。

电池热失控时短时间释放的大量高温气体，会降低电池壳体机械防护能力，并让壳体承受巨大压力，从而导致壳体破裂，火焰扩散到整包外，甚至发生爆炸。所以在整包层面需加入充分的泄压阀或防爆阀设计，防止整包层面的火焰扩散和爆炸。泄气方向的设计，需要考虑电池包中泄出的有害气体不能进入乘客舱。

2.6.3 对于安全防护未来发展的建议

动力电池安全是新能源汽车产业发展的基石，必须引起整个产业链的高度重视。如何提高动力电池的安全，可以从以下 4 个方面进行考虑。

1. 加强顶层设计，建立完备的标准体系，引导产业健康有序发展

进一步完善动力电池安全标准规范体系和安全责任体系，建立健全动力电池整个生命周期安全评估标准，降低动力电池由于热失控引起的着火风险。

应该开发和建立相关的安全评估标准或方法，评估动力电池在整个使用周期的安全性，包括关键零部件如密封件、继电器、外壳、BMS 等零部件的长期安全性，大幅度降低新能源汽车在使用一定年限后出现起火等安全事故的概率。应尽快建立动力电池的存储和运输标准，健全动力电池回收利用标准体系，包括但不限于工厂储存、回收要求、梯次利用等标准，保障动力电池在全生命周期的安全性。考虑开展动力电池热失控起火蔓延的评估标准工作，大幅度降低因电池热失控蔓延造成的车辆起火事故。

2. 积极发展更安全的动力电池技术和配套的安全防护技术

动力电池的安全依赖于电池本身的设计以及配套的安全防护方法和管理制度。应该依托产业联盟，加强与国际知名整车及动力电池企业的技术交流及合作，研发突破动力电池安全共性技术，加强动力电池安全新材料体系的开发和产业化，加强动力电池安全防护技术的研发，提升我国动力电池企业的技术水平，减少新能源汽车的安全事故。应完善新能源汽车车辆年检制度以及售后维修检查标准，应该针对新能源汽车高压电路、动力电池等特点，建立适用于新能源汽车的安全检验项目和制度，减少动力电池带来的安全问题。

3. 建立新能源汽车和动力电池的应急响应体系

新能源汽车涉及电池的火灾和传统汽车的火灾差异很大，需要区别对待。动力电池系统的起火往往始于电池包内部的某个电池，由于被电池包的外壳所覆盖，车辆灭火时从外部无法直接将灭火介质喷到发生热失控的电池上，造成用户无法在火灾触发的早期灭火。且目前没有特别有效的灭火介质，需要大量的水来持续灭火。但是，水遇电解液会发生化学反应产生有毒物质，因此应研发有效的、不产生有害物质的灭火介质或相关材料来应对起火事故。应推广新能源车辆消防培训和教学，制定新能源汽车的应急响应指南。

4. 加强新能源汽车动态数据实时监管，有效降低安全风险

新能源汽车厂家应建立完善的新能源汽车监控平台，通过车载终端和

定位系统实时获取新能源汽车的车辆状况数据、故障状态和位置信息，并尽可能将相关信息准确及时地传输给上级监控平台。应该充分利用各级新能源汽车的网络管理平台，应用物联网、大数据及人工智能等技术，实现对动力电池健康度的预测和主动安全管理，实现对车辆的安全监控和及时预警，并为新能源汽车用户提供车况查询和远程诊断等服务。新能源汽车的网络管理平台应联动有关应急响应部门，当有车辆发生起火等紧急情况，可及时分享车辆事故信息，方便应急救援。

2.7 国际新能源汽车及动力电池产业发展总体情况

2.7.1 日本新能源汽车及动力电池产业发展情况

1. 日本新能源汽车产业发展状况

（1）汽车新时代战略会议

汽车新时代战略会议内容见表 2-21。

表 2-21 汽车新时代战略会议内容

机构	会议名称	概要	期间	委员	参考链接
经济产业省	汽车新时代战略会议	为了顺利迎接汽车的新时代的到来，作为长期目标向世界展示"到 2050 年为止实现向世界提供的日本汽车达到世界最高水平的环保性能" 以单台汽车的温室效应排放废气减少 80% 为目标（乘用车削减 90%，预计电动车（xEV）100% 削减） 在 2018 年 7 月进行中间整理 在 2019 年的第三次会议上汇报中间整理中得到的进展状况	2018 年 4 月 18 日开始展开活动	相关专家 15 人	https://www.meti.go.jp/shingikai/mono_info_service/jidosha_shinjidai/index.html

（2）关于普及 xEV 的想法

日本汽车新时代战略会议相关内容显示，为了实现 2030 年新一代机动车普及目标（2018 年未来投资战略），需要强化 xEV 早期普及的相关策略。其他方面，特别是在 EV/FCV 方面，日本国内目前的普及率不足 1%，海外的普及率方面也堪忧。目前重要的观点是先确立日本国内的普及车型，再向海外进行扩展。2018 年日本乘用车新车销量见表 2-22。

表 2-22 2018 年日本乘用车新车销量

车　型		2018 年（实际）（新车销量）	2030 年预期
传统车型		61.7%（269 万辆）	30%~50%
新一代汽车	混合动力电动汽车	33.2%（145 万辆）	50%~70%
	纯电动汽车	0.53%（2.3 万辆）	30%~40%
	插电式混合动力电动汽车	0.48%（2.1 万辆）	20%~30%
	燃料电池电动汽车	0.01%（0.06 万辆）	约 3%
	清洁柴油汽车	4.1%（17.7 万辆）	5%~10%
	合计	38.3%（167 万辆）	50%~70%

数据来源：新一代汽车战略 2010"2010 年 4 月新一代汽车研究会"上的普及目标

出处：汽车新时代战略会议中间整理（新车销量更新为 2018 年）

出处链接：https://www.meti.go.jp/shingikai/enecho/shoene_shinene/sho_energy/jidosha_handan/pdf/20190625001_1.pdf

（3）EV/PHV 购买持有方面的补贴制度

EV 车型最多提供 40 万日元的财务补贴，PHV 车型最多提供 20 万日元的购车补贴。在现有的税务制度上，汽车所有税作为非收税科目，免除整车质量税和汽车税减额。日本主要对象车型及补贴额度（2018 年预算为 130 亿日元）见表 2-23，2018 年环保车减免税（汽车整车质量税和汽车所有税）、清洁化特例（汽车税）的概要见表 2-24。

表 2-23 日本主要对象车型及补贴额度

序号	车　型	单车补贴金额
1	日产聆风（40kW·h）	40 万日元
2	丰田普锐斯 PHV	20 万日元
3	三菱欧蓝德	20 万日元

表 2-24 2018 年环保车减免税（汽车整车质量税和汽车所有税）、清洁化特例（汽车税）的概要

对象	纳税科目		措施内容
EV/PHV	汽车所有税	购车时所支付的价格为基准缴税（例：个人用乘用车为购车价格的 3%）	非缴税对象
	汽车整车质量税	每次车检时依据车辆的整车质量缴税（例：个人用乘用车按每 0.5 吨 2500 日元缴税）	免税（新车+初次续检时）
	汽车税	4 月 1 日节点的所有人，每年根据汽车排气量缴税（例：个人用乘用车 1L 以下按 29 500 日元/年）	大约减免 75%（仅限购买后的次年）

数据来源：经济产业省、综合资源能源调查会、节能·新能源分科会、节能小委员会、汽车判断基准 WG、交通政策审议会、陆上交通分科会、汽车部会、汽车油耗基准小委员会、合同会议（第 7 回）资料（2019/3/20）

出处链接：https://www.meti.go.jp/shingikai/enecho/shoene_shinene/sho_energy/jidosha_handan/pdf/2018_007_01_00.pdf

（4）汽车新时代战略会议中间整理中的主要措施

汽车新时代战略会议中间整理中的主要措施见表 2-25。

2. 日本动力电池产业发展状况

日本动力电池产业发展状况见表 2-26。

表 2-25 汽车新时代战略会议中间整理中的主要措施

促进开放式创新	为解决全球课题的国际合作	确定社会体系
促进新一代电动化技术的开放式创新	以挑战"Well-to-Wheel Zero Emission"的宗旨及思考方法，向全世界进行推广及共享	电池社会系统的构筑
全固态电池： 为了促进产官学结合的研究成果的实际应用推进技术开发 （目标：电池合成本现行 3 万日元/kW·h 到 1 万日元/kW·h（量产阶段） 革新型蓄电池： 推进产官学结合的基础技术研发 （目标：2030 年左右高密度标准电芯 现阶段 150~500W·h/kg） 燃料电池： 新一代基盘技术·制造技术的开发 （目标：2025 年左右 FCV 电池堆价格降到 1/4） 电动化的相关技术 ·2018 年期间：完成新一代技术开发的技术路线图	·2019 年，新一代汽车的普及目标等内容及研讨和制定促进实现复合企业平均燃料消耗（CAFC）整体推广使用水准的下一阶段的燃料消耗基准 ·2018 年秋，举办了首届国际电动化政策担当者会议（与全世界最大规模的电动汽车峰会，EVS31同时间召开） ·2018 年，与电动化相关政策的研讨·构建相关的技术数据整备和公布（与 IEA 及 ERIA 等进行合作）	通过电池资源采购稳定化来降低风险 确立电动汽车锂离子动力电池的剩余性能的评价方法、BEV·PHEV 二手车的合理性评估、创建回收和再利用市场 ·2018 年：制定锂离子动力电池剩余性能的评价方法指南 ·2018 年：针对创建再利用的市场，构建使用旧电池的公共回收的基盘架构 ·2018 年：针对创建再利用的市场，为将要成为潜在客户的企业设置研讨的机会、针对所需电池的配置等信息进行研讨 ·2019 年：实施技术实际验证

（续）

促进开放式创新	为解决全球课题的国际合作	确定社会体系
促进内燃机低碳方向的开创式创新 促进内燃机的高效率化 ·2030年左右：热效率60%的内燃机的实际应用 促进生物燃料及其他替代燃料的开发·利用 ·2030年之后：新一代生物乙醇等的实际应用	强化电动化相关政策的国际间协作 ·与印度及ASEAN等实施汽车政策对话 （充电基础设施等基础设施支援，电动汽车利用方面的实际签证的支援） ·下一阶段充电规格国际融合的推进	促进新一代商用车合理化利用系统的开发 ·2018年：针对新一代汽车普及扩大的用例课题解决的技术路线图由政府与民间协同制作
夯实自动驾驶时代的开放式开发基盘的构筑、人才培养、供应链的基盘强化 开发基盘 ·2020年之内：构建基础模型开发及通用基盘 提高基于AI技术的开发 ·2020年之内：构建基于高度利用AI技术开发下的产官学协作体系 供应链的基盘强化 ·2019年：供应商支援队（暂定名）的建设	全球供应链的电动化对应支援 ·2019年：对日本以外地区的当地企业的电动汽车及电动部品的生产等相关的人才培养进行相应的支援	面向能源分散性社会的BEV·PHEV·FCV的加速普及、基础设施的完善 新一代汽车的普及、基础设施完善的加速 ·2018年：针对车辆行驶中的非接触式充电由政府与民间协同开始进行基础部分的研究开发 新一代基础设施相关技术开发、V2G的推进 ·2018年：开始进行对于存储在BEV·PHEV上的电能转回到电力系统后进行利益的技术（V2G）的实际签证

数据来源：经济产业省、综合资源能源调查会、节能·新能源分科会、节能小委员会、汽车判断基准WG、交通政策审议会、陆上交通分科会、汽车部会、汽车油耗基准小委员会、合同会议（第7回）资料（2019/3/20）

出处链接：https://www.meti.go.jp/shingikai/enecho/shoene_shinene/sho_energy/jidosha_handan/pdf/2018_007_01_00.pdf

表2-26　日本动力电池产业发展状况

所属	计划名称	进度（2019年3月之后的变化点）		参考链接
NEDO	革新型蓄电池实际应用促进基盘的技术开发（RISING2）	·2019年NEDO举办了次世代电池·氢的成果报告会（2019年7月）、公开了技术成果	氟化物穿梭电池 锌空气电池 硫化物电池及转换电池	http://www.nedo.go.jp/events/report/ZZHY_00005.html
	先进·革新蓄电池材料评价技术开发（第2期）（SOLiD-EV）		SOLID-EV整体概要 全固态LIB模拟实验 全固态电池·电池反应的阐明	

(续)

所属	计划名称	进度（2019年3月之后的变化点）	参考链接
JST	先进的低碳技术开发新一代蓄电池（ALCA-SPRING）	将硫化物型全固态电池的部分成果移交给NEDO进行管理、加速实际应用方面的开发 在第60次电池研讨会（2019/11/13—15）上，对于MEXT·JST·NEDO的合同部分的成果进行了发布	http://www.jst.go.jp/alca/alca-spring/archive/2019/11/14/60th_national_project/index.html

2.7.2 韩国新能源汽车及动力电池产业发展情况

汽车产业是韩国的支柱之一，从2008年即着手制定相关政策规划积极推动绿色汽车产业发展，之后逐步加强对包括电动汽车、混合动力电动汽车、燃料电池电动汽车等环保汽车技术的研发力度。最近几年，韩国主要车企进行战略性调整，结合政策持续推动新能源汽车产业的发展。

1. 新能源汽车情况

2019年韩国销售的新能源汽车总数为39.9万辆，占韩国汽车整体销量的10.2%（3 919 661，整体销量包括国内销售与出口），其中国内销售14.0万辆，同比增长13.5%；出口25.9万辆，同比增长31.7%，占新能源总销量的65%。分车型看，混合动力电动汽车销售24.9万辆，占比62.4%，纯电动车销售10.8万辆；占比27.1%；插电式混合动力电动汽车3.7万辆，占比9.3%。2019年韩国新能源汽车销量见表2-27。

表2-27　2019年韩国新能源汽车销量　　　（单位：辆）

	HEV	EV	PHEV	FCV
国内销售	98810	32052	5255	4194
出口	150474	76008	31399	788
合计	249284	108060	36654	4982

数据来源：LG化学

从数据来看，尽管韩国国内纯电动汽车数量从2016年的1.1万辆增加到2019年底的10.8万辆，增长了近10倍，其他车型也有幅度较大的增长，但总体销量依旧偏低。

2. 动力电池情况

2019 年，韩国动力电池搭载量共计 1602MW·h（只含乘用车，商用车因数量较少可忽略不计），其中 EV、HEV、PHEV 动力电池搭载量分别为 1396MW·h、151MW·h、55MW·h。EV 占总搭载量的 87%，是动力电池的主要应用车型，产业集中度高，排名前两家的电池企业装机量占比超过 95%。

3. 韩国新能源汽车产业规划政策

韩国从 2014 年开始推行绿色环保计划，从环保、制造业提升、技术发展及产业规划等多个方面制定了新能源汽车的推广及实施目标。同时，政府还通过税费和使用费用的减免优惠等方式从使用端鼓励绿色环保汽车的使用。

（1）政策规划目标

2017 年韩国环境部发布了《精细粉尘管理的综合措施》，计划到 2022 年将 200 万辆汽车（占已注册汽车数量的 10%，其中电动汽车为 35 万辆）作为新能源汽车的推广目标。

韩国国土交通部于 2019 年 10 月宣布了《道路技术发展战略》，战略计划包括了四个关键领域：安全道路、便利道路、经济道路和绿色道路。电动汽车自动充电路线图被选为实现这一目标的关键驱动技术之一。

2019 年 10 月，韩国政府组织多个部门联合发布了《2030 未来汽车产业发展战略》（以下简称《2030 战略》）。战略制定了未来新能源汽车发展的目标及技术路线，通过国内普及和以性能为中心进军世界市场两大战略目标来推进新能源汽车的发展。根据《2030 战略》目标，到 2030 年，电动汽车和氢能汽车等环保车在韩国新车中的占比将提升至 33%，国际市场份额升至 10%，充电站 2025 年将增至 1.5 万座。政府还将为汽车零部件产业提供 2 万亿韩元以上的资金援助，推动未来汽车的核心零部件国产率提升至 80%。韩国电动汽车和燃料电池电动汽车国内销售目标见表 2-28，韩国电动汽车和燃料电池电动汽车的技术目标见表 2-29。

表 2-28　韩国电动汽车和燃料电池电动汽车国内销售目标

时间	2019 年	2020 年	2022 年	2025 年	2030 年	累计
电动汽车	4.2 万辆	7.8 万辆	15.3 万辆	27 万辆	44 万辆	300 万辆
燃料电池电动汽车	0.6 万辆	1 万辆	2.5 万辆	6 万辆	16 万辆	85 万辆
销售比重	2.6%	4.9%	9.9%	18.3%	33.3%	

数据来源：LG 化学

表 2-29　韩国电动汽车和燃料电池电动汽车的技术目标

	性能目标	2020—2022 年	2025 年	2030 年
电动汽车	续驶里程	400km（2020） 6km/kW·h（2020）	600km 6.5km/kW·h	600km 以上 7.0km/kW·h 以上
	充电功率	200kW（2020）	400kW	—
燃料电池电动汽车	乘用车	16 万 km（2022）	25 万 km	30 万 km
	商用车	50 万 km（2022）	—	80 万 km

数据来源：LG 化学

此外，韩国还将加大对新能源汽车出口的推动。韩国政府预测，新能源汽车的出口比重将从现在的 10% 增加到 2030 年的 25% 以上。为提高电动汽车和燃料电池电动汽车的出口能力，韩国政府计划同韩国汽车产业共同扩大国内新能源汽车的普及，提高车辆性能，并稳步推进零部件和生态系统竞争力的增强。

（2）韩国新能源汽车的补贴政策

韩国政府根据《汽车管理法》《空气质量保全法》《噪声与振动管理法》等相关法律，对已完成与汽车有关的各种认证，符合《电动汽车供应目标评价条例》规定的电动汽车评价标准的车辆实行补贴。补贴对象主要是个人、公司、公共机构、地方政府及地方公共公司等（中央行政机关除外）。除了国家补贴外，支持地方补贴的地方政府还可以授予资格，例如在当地司法管辖区的居留权。

韩国对新能源汽车的补贴特点是：补贴金额免除税金款项多、额度大，全国101个城市可以享受新能源汽车补贴。韩国环境部对购买电动汽车的消费者给予免税优惠、购买者除可享有最多460万韩元的补贴外，还可以免除最多200万韩元的个别消费税、60万韩元的教育税以及140万韩元的所得税。

根据韩国环境部公布的纯电动汽车普及和充电基础设施预算来看的话，2020年总预算将会从2019年的5402.56亿韩元增加48.1%，到8001.8亿韩元。纯电动商用车的补贴预算从180亿韩元，增长至1092亿韩元。其中纯电动客车的补贴从300亿韩元增长至650亿韩元。虽然对于新能源汽车补贴的总预算增长了，但是这些预算当中绝大部分金额会用于基础设施建设，而针对个人消费者购买纯电动汽车的补贴将会从2019年的最高900万韩元减少到最高800万韩元。而原先针对个人消费者安装充电桩的130万韩元补贴将在2020年废止。

4. 对韩国新能源汽车的展望

从2020年开始，韩国将加强排放、温室气体和燃油经济性等法规标准。为了应对日益严格的法规，汽车制造商将不可避免地要增加新能源汽车的销售比例。特别是韩国正在考虑引入"新能源汽车合作基金系统"和"强制销售无污染汽车"。如果生产者由于过度监管而增加成本，则部分增加的成本会转嫁到产品价格上，这使消费者不可避免地要承担一些监管负担，反而不利于新能源汽车的推广目标。因此未来如何在政策制定与市场推广中获得平衡，将是影响韩国新能源汽车产业发展的重要因素。

2.7.3 欧洲新能源汽车及动力电池产业发展情况

欧盟于2020年开始正式施行其史上最严格的汽车碳排放标准。标准要求自2020年1月起，欧洲车企生产的新车中95%的车辆每千米排放的二氧化碳不得超过 95g，到 2021 年这一比例提升至 100%。如碳排放达不到该要求，则每辆车将面临罚款 95 欧元 /g 的处罚。该标准给欧洲车企带来了巨额的资金压力，以大众、宝马、奔驰、雷诺、沃尔沃为代表的车企集团近年来纷纷加大新能源汽车研发和推广力度，欧洲各国政府也纷纷出台相应支持政策，推动欧洲新能源汽车产业迅速发展。

1. 欧洲新能源汽车支持政策

与我国类似，欧洲新能源汽车支持政策主要集中在购置补贴、使用优惠和充电基础设施建设方面，其中德国、法国、英国支持力度最大，德国最新补贴标准中补贴力度已超过中国，欧洲主要国家新能源汽车支持政策见表 2-30。

表 2-30 欧洲主要国家新能源汽车支持政策

序号	国家	支持政策内容
1	德国	购置补贴：自 2020 年 2 月 17 日开始实行新补贴政策，大幅上调新能源汽车补助标准。补贴资金由政府和企业平摊，时间延续至 2025 年。 纯电动汽车：4 万欧元以下车型补贴 6000 欧元 / 辆；4 万 ~6.5 万欧元车型补贴 5000 欧元 / 辆，6.5 万欧元以上无补贴。 插电式混合动力汽车：4 万欧元以下车型补贴 4500 欧元；4 万 ~6.5 万欧元车型补贴 3750 欧元 / 辆，6.5 万欧元以上无补贴。 充电桩：计划于 2017—2020 年投资 3 亿欧元支持充电基础设置建设。 使用优惠：授权地方政府制定为低排放车辆提供免费停车、公交车道及交通限制区使用特权等优惠政策
2	英国	购置补贴：2018 年 11 月后补贴额度下调，纯电动汽车补贴金额为价格的 35%，最高不超过 3500 英镑 / 辆；纯电动货车补贴金额为车辆价格的 20%，最高不超过 8000 英镑 / 辆；取消插电式混合动力车型补贴。纯电动车型免征 CO_2 排放税。 充电桩：计划投资 4 亿英镑建设公共基础设施，对个人充电桩提供 500 英镑 / 桩补贴
3	法国	购置补贴：PHEV 二氧化碳排量 < 20g/km，补贴 0.6 万欧元 / 辆。 21g/km ≤ PHEV 二氧化碳排量 < 60g/km，补贴 0.1 万欧元 / 辆。 61g/km ≤ PHEV 二氧化碳排量 < 110g/km，补贴 750 欧元 / 辆。 使用优惠：免费停车
4	挪威	购置补贴：主要为税收减免，2013 年开始对前 5 万辆新能源汽车免收购置税和增值税，达到 5 万辆目标后政策延续到 2017 年 使用优惠：享受市区免费停车、免费充电等

2. 欧洲新能源汽车产业发展情况

在 CO_2 排放标准与各国政策支持的双重推动下，欧洲新能源汽车产业近年来发展迅猛。据乘联会统计数据显示，2019 年全年欧洲新能源汽车销量合计 54.5 万辆，同比增长 51.0%，其中纯电动车型和插电式混合动力车型分别销售 35.0 万辆和 19.4 万辆，同比分别增长 85.5% 和 13.0%。2017—2019 年欧洲新能源汽车销量情况如图 2-44 所示。

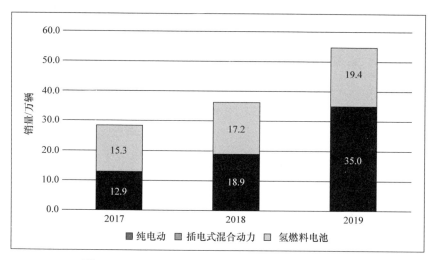

图 2-44　2017—2019 年欧洲新能源汽车销量情况

图片来源：乘联会，创新联盟

2019 年欧洲新能源汽车销量前三名国家分别为德国、英国和挪威，其中德国全年销量 10.8 万辆，同比增长 60.2%。奔驰、宝马和大众等本土车企产能释放效应明显。随着德国政府对新能源汽车补贴支持力度的进一步提升，结合 2021 年碳排放指标压力，预计 2020 年德国新能源汽车市场规模扩大速度将进一步加快。2018—2019 年欧洲主要国家新能源汽车销量情况如图 2-45 所示。

3. 欧洲动力电池产业发展情况

与新能源汽车产业相比，欧洲动力电池产业发展相对缓慢，目前仍处于起步阶段，动力电池供应仍主要依赖于亚洲市场。但随着欧洲新能源汽车市场规模的不断扩大，近年来欧洲市场开始愈发关注动力电池对于新能源汽车产品的重要性，在动力电池产业和技术层面开始加速布局。

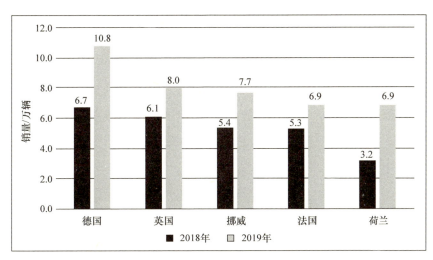

图 2-45　2018—2019 年欧洲主要国家新能源汽车销量情况

图片来源：乘联会，创新联盟

1）产业层面，2017 年 10 月，欧盟召集巴斯夫、雷诺、戴姆勒、西门子等企业正式成立"欧洲电池联盟"，目前已有来自政府部门、矿产资源、电池材料、动力电池及金融机构等领域的 250 多家单位参与。2019 年以来，德国重点在动力电池领域加大支持力度。2019 年 5 月，德国和法国决定建立第一个电池产业联盟，德国欧宝汽车、法国标致雪铁龙集团及法国电池制造商帅福得均为其成员；2019 年 9 月，德国联邦经济和能源部宣布欧洲九国决定建立第二个电池产业联盟。

欧洲几大整车企业的动力电池投资力度也在持续加大：2019 年 6 月，大众汽车集团宣布计划投资 9 亿欧元与 Northvolt 以 50∶50 股比成立合资企业，在欧洲建立一座初期产能为 16GW·h 的电池工厂；戴姆勒计划投资超过 10 亿欧元打造一个全球电池生产网络，包括在欧洲、亚洲、北美洲拥有落成或在建的九家电池工厂；宝马表示可能将会从 Northvolt 采购电池。

2）动力电池企业方面，目前欧洲市场规划新建产能规模较大的动力电池企业，以德国的 TerraE 和瑞典的 Northvolt 公司为代表。2018 年，德国法兰克福 TerraE 控股公司联合 17 家公司和研究机构组建了一个联盟，计划兴建两座代工厂，计划到 2028 年，这两家工厂的年产能将达到 34GW·h。2019 年 6 月，Northvolt 公司宣布已完成 10 亿美元的融资，将在瑞典谢莱夫特奥市建立欧洲首座锂离子电池超级工厂。该工厂核心的生产技术人员主要来自韩国，初期设计电池年产能 16GW·h，2020 年 8 月开始施工建设，预计 2021 年实现量产，未来年产能将增至 32GW·h，业务范围涵盖活性材料制备、电池组装、电池回收等。

3）技术层面，据有关报道显示，大众汽车集团与瑞典电池制造商 Northvolt 于 2019 年 3 月共同发起组建了电池联盟，旨在面向整个欧洲推动电池技术的研究，宝马、西门子、ABB 以及优美科（UMI）等已加入该联盟。德国还宣布将向上述电池联盟拨款 10 亿欧元用于经费支持。整体来看，欧洲车企和动力电池企业对固态电池技术的关注度更高，目标在下一代动力电池技术层面取得领先地位。大众汽车表示将在 2025 年前商业化生产固态电池；雷诺－日产－三菱联盟 2018 年设立 10 亿美元风投基金，其首个投资项目即为无钴固态电池研发，并计划于 2025 年使用钴含量为零的固态电池；宝马也与美国固态电池公司 Solid Power 开展新一代电动车固态电池技术研发合作。法国动力电池企业 Saft 则致力于下一代动力电池产品的研发：2018 年 9 月，Saft 宣布计划投资 2 亿~3 亿欧元用于动力电池技术研究，希望能将电池能量密度在现有水平上提高 50%；Saft 计划 2020 年初开始大规模生产下一代锂离子电池，2024 年实现固态锂离子电池的产业化。此外，欧盟委员会近期提出"电池 2030+"计划，旨在通过开展长期联合研究以促进电池领域的变革性发展，实现具有超高性能和智能化的可持续电池功能以适用于不同的应用场景，为欧洲乃至全球电池产业提供技术支持。该研发计划主要包括材料加速平台、电池界面基因组、智能传感器、自愈合理念、未来电池模块化制造和回收策略六个研发方向。欧洲"电池 2030+"计划研究内容简介见表 2-31。

表 2-31 欧洲"电池 2030+"计划研究内容简介

序号	研发方向	研发内容
1	材料加速平台	计划在欧洲范围内设立电池"材料加速平台",并与电池界面集成在一起。在 MAP 框架下由每个核心元素构建概念电池,开发出具有突破性的电池材料,极大提高电池的开发速度和电池性能
2	BIG 研发计划	对材料开发过程提供必要的理解和模型,以预测和控制影响电池性能关键界面的动态变化。该平台将高度适应不同的化学物质,从材料到设计,用大量数据构建模型,形成全新的材料开发途径,以超越当前的锂离子电池技术
3	智能传感器	将智能传感器嵌入电池中,能够实现电池在空间和时间上的分辨监视,这样可以整合和开发各种传感技术在电池中实时传递信息。依据大量的原始实时监测数据,可以与 BIG-MAP 协作构建电池工作状态函数及模型,开发智能的响应式电池管理系统;将在单体电池级别和整个系统级别上进行分层管理
4	自愈合理念	鉴于医学领域中"再生工程"的理念,提出可以开发在电池内注入相应自愈合功能的材料,以恢复电极内部的缺陷。同时可将状态传感和自我愈合功能紧密相连,从而实现自我感知与触发自修复的结合,赋予电池更高的安全性和消费者更高的使用可靠性
5	未来电池规模化制造	利用建模和人工智能实现制造过程动态软件模拟,突破制造单元的空间构造,避免或基本减少传统的尝试和错误方法。通过全数字化制造,理解和优化过程参数及其对最终产品的影响
6	回收策略	对材料层级、界面层级和单体电池层级都提出了一些新的回收概念和整体流程: 整个生命周期可持续设计(包括生态设计和经济设计) 电池及电池组拆解设计 回收设计方法 这个过程需要研究者、电池生产企业、材料供应商协同参与,并与回收商一起将回收策略及相关限制条件整合到新的电池设计中

数据来源:深水科技咨询,创新联盟

整体来看,近年来欧洲动力电池产业在政府与企业的共同推动下已经初见成效,但由于起步时间较晚,产业沉淀较为薄弱,动力电池市场规模发展速度较亚洲仍有较大差距。目前来看,欧洲本土市场仅有瑞典的 Northvolt 和德国的 TerraE 两家公司正在规划大规模建设产能,但距离量产还需要 2~3 年的时间,产业仍需要进一步的资源整合与政府扶持。此外,LG 化学、韩国 SKI 和宁德时代等动力电池龙头企业近年来均纷纷在海外开展业务布局,采用与欧洲车企同地建厂或技术合作等方式加强双方绑定关系。鉴于欧洲车企新车型研发周期在 4 年左右,短时间来看亚洲电池企业仍将在欧洲电池供应中占据较高份额。亚洲电池企业在欧洲布局见表 2-32。

表 2-32　亚洲电池企业在欧洲的布局

序号	所属国家	企业名称	欧洲布局动作
1	中国	宁德时代	在德国图林根州投资 18 亿欧元建设动力电池生产基地,总产能在 25GW·h 以上,后续根据市场发展情况继续提升产能规模
2	中国	孚能科技	2018 年 9 月,孚能科技完成 C 轮融资,同时正式启动了欧洲生产中心项目,并在德国斯图加特开设办事处。该工厂计划在 2021 年为欧洲主要汽车工厂提供支持,初期规划产能 6GW·h
3	中国	比亚迪	比亚迪目前在欧洲匈牙利和法国均拥有一个电动公交车生产基地,同时正在考虑在欧洲建厂进行电池生产,具体位置尚不确定
4	中国	蜂巢能源	在 2020 年 7 月 9 日产品发布会上,蜂巢能源宣布出资 20 亿欧元在欧洲建设 24GW·h 大型动力电池工厂
5	中国	天津力神	计划在德国沃尔夫斯堡开设一家销售办事处,并与包括大众、戴姆勒在内的当地汽车厂商展开供货谈判
6	中国	远景 AESC	未被收购前在英国拥有 2GW·h 的动力电池工厂
7	韩国	SKI	今年年底将在匈牙利建成 7.5GW·h 工厂,同时在匈牙利第二座工厂也将启动建设,产能规划约 5GW·h
8	韩国	三星 SDI	在匈牙利格德拥有 2GW·h 动力电池工厂
9	韩国	LG 化学	在波兰已拥有一座电池工厂,产能约 34GW·h,同时还将向其继续增资,将产能提高至 70GW·h
10	日本	GS 汤浅	出资 2900 万欧元在匈牙利米什科尔茨建设一座动力电池工厂

数据来源:创新联盟

第 3 章　动力电池产业链重点细分领域发展情况

3.1 动力电池关键材料技术及产业发展情况

3.1.1 高镍三元正极材料技术与产业化发展情况

正极材料、负极材料、电解液和隔膜是动力电池的四大主要电极材料，其中正极材料是决定动力电池能量密度等电化学性能的最关键因素之一。目前已经产业化或有产业化前景的正极材料，根据晶体结构可以分为三大类：一维橄榄石结构聚阴离子类正极材料，代表材料有 $LiFePO_4$ 材料（LFP）和 $LiMn_xFe_{1-x}PO_4$ 材料（LMFP）等；二维层状结构正极材料，代表材料有 $LiCoO_2$（LCO）、三元材料 $LiNi_{1-x-y}Mn_xCo_yO_2$(NMC)、二元材料 $LiNi_{1-x-y}Co_xAl_yO_2$(NCA) 和富锂锰基固溶体材料（OLO）等；三维尖晶石结构正极材料，代表材料有 $LiMn_2O_4$（LMO）和 5V 材料 $LiNi_{0.5}Mn_{1.5}O_4$

（LNMO）等。

1. 高镍三元材料的技术现状与发展趋势

由于多方面的原因，我国锂电正极材料产业在 2017 年以前发展重心集中在磷酸铁锂材料，但是磷酸铁锂电池的体积能量密度有限，在电池系统布置空间有限的乘用车上使用受限。因此，纯电动乘用车追求动力电池系统更高的能量密度是主要发展方向之一。在以上三大类正极材料中，层状结构的 NMC 三元材料和 NCA 二元材料具有高容量等优点，适合用于制作高能量密度动力电池。近几年，随着新能源汽车行业的发展，钴资源供应遇到了瓶颈。为此，产业界越来越重视 NMC 三元材料尤其是高镍含量的 NMC 三元材料和 NCA 二元材料的开发和产业化。在此章节将着重介绍高镍正极材料（包括三元材料和二元材料）的市场现状与最新的产业化技术进展，并对高镍正极材料的技术发展趋势进行总结和展望。

（1）NMC 三元材料概述

狭义的三元材料指的是化学计量比的 Ni-Mn-Co 三组分层状正极材料，这类材料最早是由华裔学者刘兆林于 1999 年首次提出，之后国际上很多课题组都对这类材料进行了非常细致深入的研究。而广义的三元材料包含的范围比较宽，锂含量非化学计量比以及宽组分的二元或多元层状材料都可以包含在这个范畴之内。三元材料（NMC）和二元材料（NCA）都是在对 $LiNiO_2$ 的掺杂改性研究中发展出来的第二代正极材料，而多元材料（NMCA）则是在高镍 NMC 基础上进一步优化出来的组分。

需要指出的是，由于美国 3M 公司最早申请了三元材料的相关专利，而 3M 是按照镍锰钴（NMC）的顺序来命名三元材料的，所以国际上普遍称呼三元材料为 NMC。但是由于国内学术界和产业界中文发音习惯，一般简称三元材料为镍钴锰（NCM），这就带来了三元材料型号的混淆与误解，因为三元材料的型号名称比如 333、442、532、622、811 等都是以 NMC 三元素的顺序来命名的。本书将参照国际惯例，统一将三元材料简称为 NMC。

NMC 三角相图是研究三元材料的基本方法，有助于理解各种组分的 NMC 三元材料结构与性能之间的关联。NMC 三元材料三角相图以及三角相图高镍区的放大如图 3-1 所示，所有的相组分都可以在图中标识出来，并且 NMC 组分与性能的变化是渐进且连续的。从 NMC 三角相图可以看到，NMC 三元材料实际上是综合了 $LiCoO_2$、$LiNiO_2$ 和 $LiMnO_2$ 三种材料的优点，由于 Ni、Co 和 Mn 之间存在明显的协同效应，所以 NMC 三元材料的性能好于单一组分的层状正极材料，被认为是最有应用前景的新型正极材料之一。三种元素对材料电化学性能的影响各不相同。一般而言，Co 能有效稳定三元材料的层状结构并抑制阳离子混排，提高材料的电子电导性和改善循环性能。但是 Co 比例的增大不仅会降低容量，还会导致材料成本攀升。而 Mn 能够降低成本，改善材料的结构稳定性和安全性，但是过高的 Mn 含量将会降低材料的克容量，并且容易产生尖晶石相而破坏材料的层状结构。Ni 有助于提高容量，但是 Ni 含量过高将会与 Li^+ 产生混排效应而导致循环性能和倍率性能恶化，而且高镍材料的 pH 值过高会影响实际使用。在三元材料中，根据各元素配比的不同，Ni 可以是 +2 价和 +3 价，Co 一般认为是 +3 价，Mn 则是 +4 价。三种元素在材料中起着不同的作用，当充电电压低于 4.4V（相对于金属锂）时，一般认为主要是 Ni^{2+} 参与电化学反应形成 Ni^{4+}；继续充电，在较高电压下 Co^{3+} 参与反应氧化成 Co^{4+}，一般认为 Mn 在较低电压下不参与电化学反应。

三元材料具有较高的比容量，因此单体电池的能量密度相对于 LFP 和 LMO 电池而言有较大的提升。近几年，三元材料和三元动力电池的研究和产业化在我国已经取得了较大的进展。业内普遍认为，如果能够解决 NMC 三元动力电池尤其是高镍 NMC/NCA 三元动力电池的安全性和成本问题，它们将会成为未来电动汽车的主流选择。

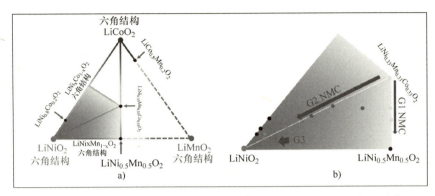

图 3-1　NMC 三元材料三角相图以及三角相图高镍区的放大（见彩插）

a）NMC 三元材料三角相图　b）三角相图高镍区的放大

（2）NMC 三元材料的分类

具体到不同组分的三元材料 (NMC) 和二元材料 (NCA) 以及多元材料 (NMCA)，它们都集中在图 3-1 所示相图的两个绿色区域中，绿色色度的深浅则与 Ni 含量相对应。这两个绿色区域放大之后如图 3-1b 所示，由图可以清楚地看到，依照 NMC 三元材料的开发历程，三元材料可以大致划分为三代：

1）第一代低钴对称型三元材料 $LiNi_xMn_xCo_{1-2x}O_2$，这一类材料是由美国 3M 公司申请的专利（专利现已转让给比利时 Umicore）。对称型三元材料可以看成是用 Co 掺杂 $LiNi_{0.5}Mn_{0.5}O_2$，Ni 和 Mn 两种金属元素物质的量之比固定为 1 以维持过渡金属元素价态平衡，代表性的产品是 NMC333 和 442 两个系列三元材料。由于第一代三元材料的 Ni 含量最大只能达到 45%，所以容量相对较低，目前这一系列的材料在国内已经很少使用。不过，小颗粒高倍率型的 NMC333（包括衍生组分）是当前国际上 48V 系统、起停系统以及 HEV 等高倍率应用领域的首选三元材料。

2）第二代中/高镍三元材料，这个系列既包括 $LiNi_{1-2y}Mn_yCo_yO_2$ 系列 Mn/Co 等比材料（NMC622/701515 等），也包括 NMC532/652015/631/721 等 Mn/Co 非等比组分。这个系列材料由于兼顾了容量与成本，是当前应用最广泛的三元材料组分。从高镍三元材料的化学式可以看出，为了平衡化合价，高镍三元材料中的 Ni 同时具有 +2 价和 +3 价，而且镍含量越高，+3 价 Ni 越多。

3）第三代高镍／超高镍三元材料。这类材料在 NMC 三角相图中处于靠近 $LiNiO_2$ 顶角的区域，既包括更高 Ni 含量的 $LiNi_{1-2y}Mn_yCo_yO_2$ 系列材料（NMC811/9055 等），也包括 NMC83611/87310 等非等比高镍／超高镍组分。目前 NMC811 和 NMC83611 等高镍材料已经量产并应用于动力电池，更高 Ni 含量的高镍／超高镍 NMC 三元材料也处于中试或研发阶段。由于高镍三元材料具有高容量的优势，是当前高能量密度动力电池首选正极材料，近年来获得快速发展。

不同组分 NMC 三元材料容量 – 热稳定性 – 循环性之间的关联在 65%Ni 含量处存在一个拐点，w_{Ni}（镍的质量分数）≥ 65% 的三元材料在热稳定性和容量保持率以及其他物性方面与中低镍三元材料存在较大差异，并且 65%Ni 也是氧气氛烧结的起始组分，所以国际上一般依据 w_{Ni} 将 NMC 三元材料划分为三大类：

① 中低镍 NMC 三元材料：w_{Ni} <65%。

② 高镍 NMC 三元材料：65% ≤ w_{Ni} <90%。

③ 超高镍 NMC 三元材料：w_{Ni} ≥ 90%。

（3）高镍 NMC 三元材料面临的主要问题与解决途径

NMC 三元材料尤其是高镍 NMC 三元材料的生产，面临材料自身的科学问题以及产业化生产过程中的工程技术挑战。NMC 三元材料自身的主要问题包括：

1）阳离子混排效应。锂镍混排随着 w_{Ni} 的增加而加剧。混排效应一方面会降低 NMC 材料的首次充放电效率，另一方面会导致相变而恶化材料的循环性能，同时降低材料的倍率性能。高镍 NMC 三元材料的阳离子混排效应尤其突出。

2）界面化学反应。界面化学反应包括两个方面：一是高镍NMC三元材料烧结之后与空气中的水分和二氧化碳接触，造成材料表面结构退化；二是高镍NMC三元材料在充放电过程中表面强氧化性的Ni^{4+}离子氧化电解液，同时高镍NMC三元材料表面的碳酸锂也会在充电过程中分解，这些因素都会导致高镍NMC三元材料在循环过程中严重产气，恶化循环性并带来安全隐患。

3）微应力。三元材料在循环过程中，由于各向异性晶格膨胀和收缩，导致晶界空隙处产生裂纹并逐渐延伸，在一次颗粒之间产生间隙；电解液浸入后，该间隙会形成新的钝化膜，同时造成二次球颗粒破碎，恶化循环性能。晶胞体积变化随着w_{Ni}的增加而增大，因此高镍NMC三元材料的颗粒破碎问题尤其严重。

4）常规三元材料是一次颗粒团聚而成的二次球形颗粒。由于二次颗粒在较高压实下会破碎，从而限制了三元材料电极的压实，这也就限制了电池能量密度的进一步提升。

针对以上高镍NMC三元材料自身的问题，目前产业界广泛采用的改性措施包括：

1）杂原子掺杂。为了提高材料所需要的性能（如热稳定性、循环性能或倍率性能等），通常对正极材料进行掺杂改性研究。但是，掺杂改性往往在改进某一方面或部分电化学性能的同时伴随着材料其他方面性能（比如容量等）的下降。NMC根据掺杂元素的不同可以分为阳离子掺杂、阴离子掺杂以及复合掺杂。很多阳离子掺杂被研究过，但有实际效果的仅限于Mg、Al、Ti、Zr、W、Y、Nb、B这几种元素，目前正极厂家一般采用双元素或多元素复合掺杂。阴离子掺杂主要是掺杂与氧原子半径相近的F元素。适量地掺杂F可以促进材料的烧结，稳定材料结构并改善循环性能。但是由于LiF有毒，所以掺杂F很少被实际应用。

2）表面包覆：NMC表面包覆物可以分为非活性包覆物和活性包覆

物两大类。非活性包覆物一般在包覆温度下不与三元材料表面和体相发生发应，主要包括氧化物（MgO、Al_2O_3、ZrO_2 和 TiO_2 等）和氟化物（AlF_3 等）。而活性包覆物则可以在适当的温度下与三元材料表面的残锂发生反应而达到降低残碱含量稳定表面的目的，主要包括 H_3PO_4、B_2O_3、$AlPO_4$、$Co_3(PO_4)_2$、V_2O_5 等化合物。表面包覆主要是使 NMC 材料与电解液机械隔离从而减少副反应，抑制金属离子的溶解，优化材料的循环性能。表面包覆还可以缓解材料在反复充放电过程中结构的坍塌，此外表面包覆也是降低高镍三元材料表面残碱含量的有效方法之一。

3）单晶三元材料：小粒径单晶三元材料的主要优点是可以进一步提高三元材料极片压实密度，进而提升电池的能量密度。相对于常规二次球，单晶三元材料对极片工艺要求降低，可以适当弥补国内电池厂家普遍在常规二次球三元材料方面极片和电池生产上的技术积累不足。另外，单晶材料设计也是 NMC 三元材料高电压应用的有效途径之一。

4）大小颗粒搭配：将窄粒径分布的大小粒径三元材料按照一定比例混合，就是 Bi-modal PSD 材料设计，其优点是一方面可以获得更高的压实密度从而提升电池的体积能量密度，另一方面大小颗粒搭配也对正极匀浆、电池的循环性能和倍率性能等方面有一定的改善和提升。大小颗粒搭配的材料设计，是目前高端的高镍 NMC 二次球三元材料普遍采用的策略之一。

（4）高镍 NMC 三元材料的技术发展方向

1）二次球高镍 NMC 三元材料技术发展趋势。

高镍正极材料一般包括 $w_{Ni} \geq 65\%$ 的 NMC 三元材料，不过目前国内在一些场合也特指高镍材料为 $w_{Ni} \geq 80\%$ 的三元产品。常规二次球高镍 NMC 三元材料在我国的发展轨迹与日本、韩国并不一致。日本、韩国在 NMC 三元材料方面的开发比较稳健，是按照 3 系到 5 系再到 6 系逐步缓慢提升 w_{Ni} 这样一个发展策略，其基本的发展逻辑是在充分验证材料的电化学性能并确保安全性的前提下，逐步提升 NMC 三元材料中的 w_{Ni}。而我国由于之前在动力电池技术路线上选择了铁锂路线，在 NMC 三元材料上的技术积累相对薄弱，2014 年之后动力电池技术路线从铁锂切换到三元材料，迫使国内众多动力电池厂家采取赶超战略，也就是在 5 系三元材料的基础上跳过 6 系直接开发 8 系 NMC 三元动力电池，力求在能量密度上占据制高点。我国目前在高镍 NMC 三元材料的产业化和应用方面已经走在了世界前列，高镍 NMC 三元材料的产能已超过日本、韩国。

高镍 NMC 二次球材料目前在市场上的应用仍然存在高温循环性能较差、高温存储产气和 DCR 增长过快等问题，国内材料企业从以下方面进行了改进：

① 采用前驱体定向生长技术以及杂原子湿法掺杂工艺，支撑晶体结构，有效改善高镍产品容量、效率、倍率、循环寿命及安全性。

② 通过控制氧气的进气方式，精确控制不同烧结阶段的氧气浓度，减少 Li/Ni 混排。通过调控固相反应晶体生长动力学，实现一次颗粒精确生长，并抑制烧结过程中 Li 损耗。

③ 采用特殊水洗工艺可有效地去除表面的残余锂而不影响晶格 Li 的析出，从而提高产品的加工性能，并缓解胀气减小内阻，提高电池的高温存储性能。

④ 通过表面纳米层包覆物与表面的残锂反应形成锂离子快离子导体，有效修复水洗对材料表面造成的损伤并阻止电解液对材料的腐蚀破坏，同时改善安全性能。

国内高镍 NMC811 二次球三元材料采用高性能前驱体，优化烧结工艺并经过特殊水洗和表面处理工序，合成的高镍 NMC811 二次球产品残锂低、杂质低、加工性能好、容量高、循环性能优异。

2）高镍浓度梯度三元材料的发展。

高镍浓度梯度（包括核壳结构）NMC 三元材料的基本材料设计思想

是利用中低镍 NMC 形成表层来改善高镍 NMC 内核的循环性和安全性。一般而言，高镍 NMC 材料容量高，但循环性和安全性较差，而中低镍富锰 NMC 材料在结构稳定性和安全性方面有一定的优势。那么，通过设计核壳结构或浓度梯度结构，就可以将中低镍 NMC 和高镍 NMC 两种材料的优点结合起来，从而达到兼具高容量与高安全性的目的。

高镍梯度材料目前已发展了三代：第一代材料是最基本的中镍富锰 NMC 和高镍 NMC 核壳结构（core-shell），采用间歇法制备前驱体，然后高温烧结，验证了核壳结构高镍 NMC 材料的可行性；第二代材料是核壳浓度梯度材料（core-shell concentration gradient），针对核层与壳层在循环过程中晶胞体积变化不一致导致核壳分离以及颗粒开裂的问题，在核层与壳层之间增加了缓冲浓度梯度层，可以有效缓解材料颗粒内外体积变化的破坏；第三代材料则是全浓度梯度材料（full concentration gradient），从核心开始 Ni/Mn/Co 三种元素组分呈连续梯度变化，没有核与壳的边界。

高镍浓度梯度材料目前国际上仅有韩国 Ecopro 公司可以小批量供货。国内湖南杉杉和容百科技都有对高镍梯度材料进行研发布局，但目前尚未见量产报道。鉴于高镍梯度材料在综合性能方面比较均衡，高镍梯度材料在动力电池应用领域会有一定的市场空间。

3）单晶高镍 NMC 三元材料的开发。

单晶材料（single crystal）一般指一次颗粒较大（$\geqslant 1\mu m$）且二次颗粒较小（$3.5 \sim 6\mu m$）的正极材料。相对较大的一次颗粒可有效确保材料的高温存储性能、循环寿命、压实密度和安全性能；较小的二次颗粒可使得由于一次颗粒较大而带来的动力学问题得到有效缓解，从而改善材料的容量、首次效率、DCR、低温、倍率等性能。由于单晶材料（BET）一般都比较大，且解离强度大导致材料表面产生破坏，因此一般需要进行二次或多次烧结以修补表面。

一般而言，单晶材料具有结构稳定、Li/Ni 混排度较低、颗粒裂化程度低（减少晶界）、表面残碱含量低、加工性能好、循环寿命长、高温存储性能以及安全性能优异，并且可用于高电压体系等优点。但是单晶材料的容量、首次效率一般比相应的二次球 NMC 产品低，并且 DCR 与低温性能略差，生产成本相对较高。

4）二元镍钴铝（NCA）正极材料。

NCA 材料可以看作是一种复合材料，兼顾了 LCO 和 LNO 两者的优点。NCA 不仅有高的理论放电比容量、比较稳定的层状结构，同时由于 Al 的加入稳定了晶体结构，改善了循环性与热稳定性，提升了材料的综合性能。

根据 NCA 材料中 Ni 含量不同，NCA 材料可以划分为三代：

① 第一代 NCA 的化学式为 $LiNi_{0.80}Co_{0.15}Al_{0.05}O_2$，已经有数十年的产业化历史。

② 第二代 NCA 提升了 Ni 含量，化学式接近 $LiNi_{0.87}Co_{0.10}Al_{0.03}O_2$，目前市场上已有中试与小规模量产产品。

③ 第三代 NCA 进一步提高了 Ni 含量，化学式接近 $LiNi_{0.92}Co_{0.07}Al_{0.01}O_2$，目前还处于研发阶段。

第一代二元镍钴铝层状正极材料（$LiNi_{0.80}Co_{0.15}Al_{0.05}O_2$，NCA）是法国波尔多大学的 C.Delmas 在对 $LiNiO_2$ 进行 Co 掺杂的改性研究中筛选出来的。后来，波尔多大学与法国 Saft 公司合作产业化 NCA，开启了 NCA 材料和电池产业化先河。2004 年 Saft 的 NCA 动力电池项目宣告失败之后，国际上对 NCA 材料的研究和应用陷入了低潮。2010 年之后，由于 3C 便携式电子设备和电动汽车等应用领域面临着越来越紧迫的提高能量密度的压力，NCA 材料由于高容量的优势再次受到日本、韩国电池厂家的重视。日本住友金属矿山（SMM）通过采用独特的 Al 共沉淀工艺生产 NCA 氢氧化物前驱体，可以使 Ni/Co/Al 达到原子尺度的均匀混合，在烧结过程中避免了 Co 团簇的生成，显著改善了电化学性能，从而在 NCA 生产技术上取得突破。日本松下公司采用 SMM 生产的 NCA 制作 18650 电池，在 2011 年成功成为特斯拉的独家动力电池供应商之后，NCA 材料的研发和产业化在日本、韩国受到广泛重视。

目前我国主要是以 NMC 三元路线为主，NCA 的产量相对较小也没有大规模生产 NCA 电池，主要原因在于两点：

① 国内对 NMC（包括 NCA 材料）的研究起步较晚，学术界对 NCA 材料一直缺乏系统深入的研究，正极材料企业在 NCA 材料的制造工艺、专利布局以及材料使用上与日韩企业有较大差距。

② NCA 电池的生产工艺相较于高镍 NMC 更加严格，高标准的生产工艺和环境管控对国内电池企业来说是很大的挑战，导致大部分电池厂放弃 NCA 而专注于高镍 NMC 电池的生产。随着国内电池企业和车企对 NCA 电池认知的提升，以及国产 NCA 正极材料的综合性能提高以及 NCA 材料成本的下降，国产 NCA 材料未来市场前景可期。

根据前驱体的不同，NCA 生产可以分为两大技术路线。

① 采用 NCA 前驱体，通过独特的偏铝酸钠共沉淀工艺在反应釜中一步合成 NCA 氢氧化物前驱体，或者 NCA 氢氧化物继续进行后续预氧化热处理生成 NCA 氧化物前驱体，然后将前驱体跟锂盐进行混合烧结反应生产 NCA。这条技术路线以 SMM 和日本化学产业以及 Toda 等为代表，国内一些正极厂家跟随。

② 回避 Al 的共沉淀难题，直接合成 NC 氢氧化物前驱体，然后再加入铝盐和锂盐，三者均匀混合后进行烧结生成 NCA。这条技术路线主要以比利时优美科和韩国 L&F 以及 LGC 等为代表。

海外市场 NCA 材料主要被 SMM、日本化学产业和户田三家日本企业所垄断。相对于日韩企业，国内 NCA 正极材料的研发起步较晚，属于后期追赶。国内有实力的正极材料企业比如湖南杉杉、当升科技、贝特瑞、容百、巴莫、长远锂科等企业已经完成第一代 NCA 产品的开发，并实现了批量生产，同时也在积极布局第二代升级产品量产。同时，国内前驱体生产厂家的 NCA 前驱体技术也逐步成熟起来，已经能够满足正极材料企业对 NCA 前驱体的技术要求和标准，如广东芳源、湖南中伟、金驰能源和华友钴业等企业在产能方面都在满足动力市场对 NCA 前驱体的需要。

5）高镍多元材料（NMCA）正极材料。

NMCA 多元材料是近年来兴起的一类高镍材料，它是在高镍 NMC 材料的基础上通过进一步的组分优化而来。

传统的高镍 NMC 材料虽然具有较高的放电容量，但是在循环过程中过渡金属元素会溶解并迁移到负极表面造成 SEI 膜的破坏与生长，会对其循环性能造成较大的负面影响。而 NCA 材料虽然相比于 NMC 材料具有更好的循环性能和更低的 Li/Ni 混排程度，并且引入 Al 元素后在抑制过渡金属元素溶解和不可逆相变方面的效果要好于高镍 NMC 材料，但是 NCA 在长期循环中二次颗粒的粉化和破碎问题比高镍 NMC 材料更严重。而 NMCA 材料通过在高镍 NMC 材料中引入一定量的 Al 元素，在兼具二者优点的同时，能够有效地抑制各自的缺点，从而实现材料性能的最优化。在 NMCA 材料中，Al 和 Mn 的共掺杂不仅能够抑制过渡金属元素的溶出及其后续对负极表面 SEI 膜的破坏，有效减小层状材料的体积膨胀，抑制二次颗粒内部裂纹的产生，降低循环过程中二次颗粒粉化程度，而且能够进一步提升材料在长期循环中的颗粒结构稳定性。此外，因为 Al—O 键的强度比 Mn—O 键的强度更高，Al 的引入提高了材料的热稳定性，NMCA 材料应用到电池中后表现出更好的安全性能。

主机厂对于电动汽车更高续驶里程的追求，使得动力电池的高镍化已经成为行业共识，但如何平衡能量密度提升之后的安全性问题，则是当下整个行业所面临的难题。具备高容量、长循环寿命、高安全性特点的

NMCA 多元正极材料有望成为一个比较理想的解决方案。

2. 高镍三元材料产业化技术与进展

相比于常规中低镍 NMC 三元材料，高镍三元材料目前在产业化方面还存在诸多难点与挑战，这些技术难点主要体现在以下方面。

（1）高镍前驱体的生产与后处理

一般而言，高镍材料 60% 以上的技术含量在于高镍前驱体的生产。这主要是由于高镍前驱体的元素成分、形貌、一次颗粒排列与晶面取向、粒径及分布、振实密度、内部孔隙率与比表面积以及杂质含量等因素对烧结之后的高镍材料的电化学性能有着决定性影响。因此，生产出品质优良的高镍氢氧化物前驱体，对高镍三元材料的烧结生产而言就意味着成功了一多半。目前，高镍三元材料前驱体生产普遍采用控制结晶的氢氧化物共沉淀工艺。该工艺是在球形氢氧化镍工艺的基础上发展出来的，针对高镍三元材料前驱体的生产还需要在共沉淀工艺参数上进行综合优化调整，并且洗涤和干燥等后处理工序需要尽可能少地与空气中的二氧化碳接触。品质优良的高镍三元材料前驱体需要满足以下要求：

1）较高的球形度，材料具备高振实和压实密度。

2）较窄的粒径分布，细粉和粗颗粒尽可能少。

3）针状或片状一次颗粒形貌，使得前驱体材料具备良好的烧结性能。

4）前驱体的结晶性好并调控 001 和 101 面的生长取向，使得 FWHM(001)/(101) 比值尽可能接近 1.0。

5）具有适当的内部孔隙率和较高的 BET，有利于提升烧结性能。

6）严格控制杂质含量（Na、S、C 以及各种磁性和金属杂质）。

目前的实际情况是能够量产高品质的高镍三元前驱体的厂家并不多，这也是我国高镍三元材料性能和品质参差不齐的主要原因之一。相对而言，湖南中伟、格林美、容百科技、湖南杉杉、邦普以及芳源等行业主流企业在高镍三元前驱体生产方面技术力量较为雄厚。高镍三元前驱体技术下一步的发展方向，目前比较有产业化前景的是喷雾热解工艺，国外主要是比利时优美科集团技术积累较多，目前国内已有企业正在开发采用镍钴锰的氯化物溶液进行喷雾热解得到三元前驱体。喷雾热解法生产高镍氧化物前驱体目前还处于试验中试阶段，主要存在氧化物分相、颗粒空心化、振实密度偏低等问题，另外该工艺的设备投资大，对设备防腐蚀的要求很高，喷雾热解工艺还需要数年时间才能发展成熟。

（2）高镍原材料的预混合技术

高镍三元材料的烧结，首先需要将高镍前驱体和一水氢氧化锂进行预混。高镍氢氧化物前驱体最好能预先进行预氧化脱水处理生成氧化物。预处理温度要合适，否则颗粒可能发生相分离从而影响烧结后产品的电化学性能，并且预处理要尽可能控制磁性异物的污染问题。商品化的一水氢氧化锂的颗粒比较粗，要进行粉碎处理。粉碎过程中要避免与二氧化碳接触，否则会有部分氢氧化锂转化为碳酸锂，因此氢氧化锂粉碎宜采用机械／气流粉碎且需要采用氮气或除去二氧化碳的干燥空气作为载气。

由于氢氧化锂和高镍三元前驱体的粒度大小和密度大小差异较大，要实现固相均匀混合难度较大，并且氢氧化锂含有结晶水，在混合过程中摩擦放热造成氢氧化锂脱水，部分氢氧化锂会产生团聚，从而影响混合效果。采用传统高混机混合前驱体与氢氧化锂时，难以将氢氧化锂分散混合均匀，提高转速又容易破坏三元前驱体颗粒形貌，犁刀混合机线速度太低影响混合效果。因此，高镍三元材料预混需要采用新型混合设备，例如机械融合机等。

（3）高镍三元材料的烧结工艺和设备

湖南杉杉高镍 NMC 材料生产工序如图 3-2 所示。目前三元材料的合成工艺主要是高温固相烧结法，烧结工序是三元材料生产过程中最核心的工序，高镍三元材料一般要做两次烧结，一次烧结温度较高，二次烧结温度较低。由于高镍三元材料中的二价镍难以氧化成三价镍，所以必须在纯氧气氛中进行烧结，这就对烧结设备提出了很高的要求：

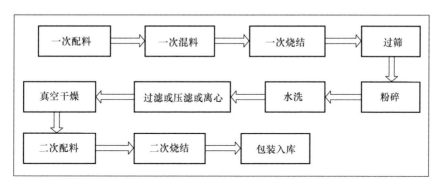

图3-2　湖南杉杉高镍NMC材料生产工序

1）窑炉的氧气与锂盐腐蚀问题：高镍材料必须在纯氧气氛中高温合成，窑炉材质必须耐氧气腐蚀，并且锂盐在高温下会挥发，也会对窑炉产生严重腐蚀。同样，装料匣钵腐蚀严重，匣钵损耗大，烧结后的匣钵作为固废，污染环境且回收成本高。

2）目前高镍三元材料生产主要采用密封辊道窑，技术复杂造价高，大部分采购国外或合资生产的窑炉，比如德国萨克米，日本NGK、则武（Noratake），合资品牌如广东中鹏、广东高砂、苏州汇科等。目前国内也有公司在开发高镍三元材料生产窑炉，如湖南金炉、无锡中工、湖南新天力、中电科48所、中电科43所等，但国产窑炉整体质量水平与进口产品仍有一定差距。

3）比利时优美科公司已经开发出采用回转窑来生产高镍三元材料的新工艺，该工艺自动化程度比较高并且回转窑产率大。但是回转窑也存在合金材质的腐蚀与磁性物质污染问题。陶瓷材质的炉胆耐腐蚀性较好，但加工成型困难，生产成本高。由于二次煅烧温度低，碱性腐蚀较弱，目前很多正极企业采用合金炉胆回转窑用于高镍三元材料的二次烧结工序。

（4）高镍三元材料处理设备

1）水洗工序的工艺和设备：因为高镍三元材料表面残碱含量较高，

在电池级片生产的匀浆过程中常会出现果冻状不能正常涂布，所以高镍三元材料表面的残碱必须尽可能除去。高镍材料一烧之后，一般需要设置一个水洗工序以降低表面残碱含量。但是高镍三元材料对水非常敏感，过度水洗会导致材料表面结构退化而严重恶化电化学性能，因此水洗工序比较难控制。一般来说，水洗的工艺参数（水洗时间、温度、固液比、搅拌强度）和水洗中及后续的过滤和干燥设备，属于企业核心机密。目前，已有韩国厂家采用有机体系进行洗涤和表面包覆二合一操作，但该工艺的废液处理工艺仍需进一步优化和完善。

2）包覆工艺和装备：高镍三元材料通过水洗以后，还要进行表面包覆。因为高镍三元材料表面对湿度和二氧化碳等高度敏感，为了改善材料的表面稳定性，常常在三元材料表面包覆一层结构比较稳定的材料，通常是各种氧化物材料。包覆工艺主要有干法包覆和湿法包覆两种。相比于湿法包覆，干法包覆操作简单高效，通常采用高效混合机、机械融合等设备。目前国外也开发了湿法与干法结合的工艺与设备，优点是溶液与三元材料接触时间短，可以防止水分与高镍三元材料本体发生反应造成三价镍的分解。包覆工艺也属于高镍材料生产核心技术，一般保密。

3）包装工序装备：由于高镍三元材料对湿度高度敏感，包装工序最好采用全自动化连续包装，物料输送与储存要求采用密封管道和密封储罐。高镍材料（包括 NMC 和 NCA）吸水性强，生产环节和包装车间环境要求相对湿度小于10%。由于湿度环境对高镍材料的生产与运输存储影响很大，所以高镍材料的厂房与生产线最好建立在干燥的北方最好是西北地区。包括湖南杉杉在内，目前国内已有数家正极材料企业在青海、宁夏建厂。

（5）高镍三元材料生产的环保问题

高镍材料生产的环保问题，实际上涉及前驱体和火法烧结两大生产环节。高镍前驱体生产的环保难点主要体现在两个方面：

1)高镍前驱体生产过程中需要使用氨水做络合剂,车间气味重作业环境差,前驱体生产线建设需要设计成全密封并设计氨吸收/外排系统。因此,无氨络合工艺成为高镍前驱体新技术发展方向之一。

2)前驱体生产过程中产生大量硫酸钠和含氨废水不能直接排放,必须将氨水回收利用,硫酸钠通过浓缩蒸发结晶回收作为副产品销售,污水处理设施投资成本高且经济效益低。

高镍材料火法烧结工序中的环保问题也主要体现在两个方面:

1)高镍三元材料烧结普遍采用熔点较低的氢氧化锂为锂源。氢氧化锂的刺激性气味非常重,车间作业环境比较恶劣,因此氢氧化锂粉碎车间和混料车间必须设计成全封闭车间自动化操作。

2)高镍材料一烧之后普遍采用水洗工艺,洗水含有氢氧化锂和碳酸锂而不能直接外排,必须进行锂回收处理。由于洗水中锂含量低,回收系统的能耗和投资都很大。湖南杉杉采用自主技术开发的高镍三元材料洗水回收碳酸锂工艺,成功地解决了高镍三元材料生产中的环保问题,从而实现了资源综合循环利用。

3. 高镍三元材料的市场发展展望

国内主流动力电池企业如宁德时代、比亚迪、天津力神等纷纷加大高镍三元动力电池的布局,高镍三元正极材料(NMC811、NCA)正逐渐在正极材料市场应用中脱颖而出,成为市场需求的主流。据鑫椤资讯数据,2019年NCA/NMC811高镍材料电池装机合计4.62GW·h,占三元电池装机总量的6.3%,同比增长250.26%。当前随着中国新能源汽车补贴向更高能量密度、更高续驶里程的产品倾斜,动力电池往三元高镍方向发展的趋势愈发明显。目前全球主流动力电池企业,如日本的松下、AESC,韩国的LGC、SKI、SDI,中国的宁德时代、力神、比克等都把正极材料选择重点放在了镍含量更高的三元材料NMC和NCA上。未来随着生产设备自动化程度逐渐提高、生产环境管控能力逐步加强,NMC811/NCA

等高镍正极材料作为新一代产品，将具有更加广阔的应用与更加快速的增长。

3.1.2 硅碳负极材料技术及产业发展情况

当前商业化的负极材料以石墨负极为主，具有循环稳定、低成本等优势，其理论容量为372mA·h/g。在目前追求高能量密度的要求下，纯石墨的负极不足以支撑高能量密度电池的开发，开发新的高能量密度的负极材料是未来的发展趋势。

1. 技术现状及趋势

硅负极材料被普遍认为是具有发展前景的负极材料，具备高比容、来源丰富、相对安全等优点，但是在循环过程中存在较大的体积膨胀问题，从而限制了其应用。针对这一问题，业界开展数十年的研究，探索出了多种有效的改善途径。

目前对硅负极材料的改性研究主要有以下途径：

（1）通过与碳等第二相复合形成硅碳复合材料，借助第二相的作用，缓解硅膨胀效应

第二相按照反应活性可以分为"Si/惰性物质"和"Si/活性物质"复合材料体系。惰性物质与活性物质可以是金属或金属间化合物、氧化物等。这类材料中的一种或多种组分（物相）能够可逆储锂，即在其中发生锂离子的嵌脱并产生相应的体积膨胀/收缩。这种组分（物相）称为"活性物质"，其他组分（物相）活性较差的称为"惰性物质"。惰性物质在基体中一般起分散隔离的作用，防止硅的团聚；而活性物质既能分散防止团聚，又能提升容量，起到双重作用。但是由于与第二相结合是物理复合，所以决定了这种方式依然无法完全阻止材料的粉化失效，难以获得长循环性能，这种改性方法至今不能令人满意。另外，还可以采用碳包覆形成硅碳核/壳结构，但由于大颗粒的硅在循环过程中依然存在较大的体积变化，所以易导致核/壳结构的破坏。

（2）纳米技术的应用

通过将物相颗粒纳米化处理，使体积变化局部化，避免应力集中导致的硅基体崩塌与粉化。研究表明，硅颗粒大小降至一定尺寸以下，可以避免材料的粉化破碎。但是纯硅原子之间的聚合作用使得在纳米化的过程中容易发生团聚，实际的二次颗粒仍然很大，因此对纳米硅基材料的分散成为一个重要的研究课题。

（3）开发新型电解液添加剂或粘结剂，改善硅负极极片性能

这种方法从电池角度对硅负极膨胀进行改善，开发新的粘结性强的材料，使得硅负极牢牢与极片结合，避免粉化脱落；新的电解液添加剂进一步修饰形成的SEI膜，促进循环稳定性。

已有研究表明，要实质性提升硅基嵌锂材料的首次效率和循环性能，必须兼顾各种改性方法综合运用，同时借助工程技术的创新才有望使得硅基负极材料取得突破性进展。单独的某种材料都不能完全满足高比能量电池的有关需要，未来的硅负极材料需要综合碳材料良好的循环性能和硅负极材料较高的比能量，并很好地消除嵌锂过程中复合材料体积膨胀等问题。

2. 产业化进程

硅负极材料一直是国内外各大企业、研究机构研究的热点，但是由于制备工艺复杂，导致其产业化缓慢。经过数十年的研究开发，目前硅基负极逐步进入了产业化，部分厂家开始批量对外销售硅负极材料产品。在国内，有多家企业涉足硅基负极领域，包括贝特瑞、天目先导、杉杉科技、江西紫宸等负极厂家。贝特瑞公司从2005年开始研究制备硅基负极材料，在2012年完成第一代硅碳技术开发，并于2013年实现硅碳的产业化，成为业内第一个实现硅碳负极材料产业化的企业；天目先导依托于中科院物理所技术，布局纳米硅碳复合负极材料，产品进入中试阶段。在国外，日立化成是批量出货的硅碳负极供应商，特斯拉使用的硅碳材料就由其供应。

另外，日本信越、吴羽化学和美国安普瑞斯等也可提供硅碳负极产品。

3. 市场需求格局预测

2018 年，硅复合负极材料出货量约为 1.02 万吨，2019 出货量增长缓慢，主要原因在于：

1）2019 年新能源汽车补贴退坡后因成本压力，电池企业对于价格高度敏感，已有主机厂要求动力电池价格降至 0.75 元/W·h 以内，硅负极目前售价过高导致无法扩大使用。

2）硅负极材料膨胀过大的问题没有彻底解决，电池循环还存在一定的差距。动力电池市场是硅负极的主要需求市场，但膨胀限制了其性能发挥。当前动力电池循环普遍要求在 2000 次以上，但是目前多数企业的三元/硅基负极只能达到数百次循环，只有少数电池企业可以接近这一要求，这限制了硅基负极需求量的提升。

3）圆柱形电池面临增长乏力困局，而目前硅负极主要应用在圆柱形动力电池市场。从目前来看，圆柱形电池增长乏力，导致硅基负极材料市场增长速度进一步放缓。

从技术和实际应用看，硅碳负极当前还处于导入阶段，大规模产业化还存在一些困难。不过从长期看，在国内动力电池能量密度越来越高、硅碳负极不断完善以及硅碳负极原材料成本下降的情况下，其市场前景依然巨大。但按目前产业发展形势来看，2020 年硅负极材料出货量还存在较大的不确定性，预计涨幅在 5% 左右。

3.2 电池系统产业发展情况

3.2.1 电池系统产业化情况

1. 动力电池系统市场格局

2019 年我国新能源汽车市场系统配套企业合计 158 家。电池系统供应商主要分为三类。

第一类是车企自主生产或投资的电池系统企业。

第二类是动力电池单体企业自主生产或投资的电池系统企业。

第三类是独立的系统生产企业。

截至 2019 年底,这三类企业数量分别达到 44 家、65 家和 49 家。从配套市场份额来看,这三类系统生产企业的配套市场份额分别为 49.3%、38.5% 和 12.2%。2019 年我国动力电池系统企业市场份额情况如图 3-3 所示。

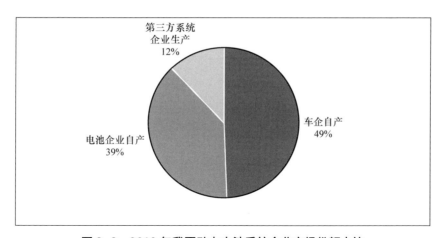

图 3-3 2019 年我国动力电池系统企业市场份额占比

图片来源:创新联盟

注:整车企业或动力电池企业控股的电池系统生产企业归入整车或动力电池企业统计范畴。

在集中度方面,2019 年系统企业配套前三名、前五名、前十名的市场份额占比分别为 41.1%、50.4% 和 62.5%,集中度水平相对较低。主要原因在于系统产品市场配套规模与绑定车企密切相关,产品根据配套车型的性能要求进行针对开发,零部件要求多样化,不同车型间的产品兼容性较差,在一定程度上限制了系统企业市场扩张能力。从整体来看,在 158 家系统配套企业中，仍有 132 家企业市场份额不足 1%，其中 48 家为独立第三方系统企业，产业发展正面临愈发严峻的竞争形势。2019 年我国动力电池系统企业配套前十名见表 3-1。

表 3-1　2019 年我国动力电池系统企业配套前十名

序号	企业名称	配套数量/万套	占比（%）
1	比亚迪	19.72	16.9
2	宁德时代	17.37	14.9
3	普莱德	10.95	9.4
4	合肥国轩	5.58	4.8
5	捷新动力	5.34	4.6
6	长安汽车	3.20	2.7
7	上汽大众	3.19	2.7
8	华晨宝马	2.80	2.4
9	威睿电动	2.50	2.1
10	鹏辉能源	2.45	2.1

数据来源：创新联盟

2. 电池系统产品能量密度

2019 年我国动力电池技术水平不断提高，电池系统能量密度呈现明显增长的趋势。市场上已批量应用的三元电池和磷酸铁锂电池系统的能量密度分别达到 182.44W·h/kg 和 144.9W·h/kg，纯电动乘用车市场已经有多款车型系统能量密度达到 180W·h/kg，电池均由宁德时代提供。从纯电动乘用车领域整体来看，在补贴政策和市场的双重作用下，系统能量密度在 140W·h/kg 及以上的车型已成为市场绝对主体。2019 年，140（含）~160W·h/kg 和 160W·h/kg 及以上车型产量占纯电动乘用车总产量的比例分别为 63.1% 和 29.1%。2019 年纯电动乘用车的系统能量密度分布如图 3-4 所示，主流国产乘用车总储电量和电池系统的能量密度情况如图 3-5 所示。系统能量密度达 180W·h/kg 以上车型的信息见表 3-2。

第3章 动力电池产业链重点细分领域发展情况

表 3-2 系统能量密度达 180W·h/kg 以上车型的信息

车型名称	工况续驶里程/km	电池企业	系统企业	系统能量密度/(W·h/kg)	百公里耗电/(kW·h)
帝豪 GSE	450	宁德时代	宁德时代	182.44	13.9
几何 A	500	宁德时代	宁德时代	183.44	13.5
小鹏 G3	520	宁德时代	宁德时代	180	14.1
U5	503	宁德时代	航盛电子	181	13.8
传祺 AION LX	650	宁德时代	广汽乘用车/联合汽车电子	180	15.8

数据来源：创新联盟

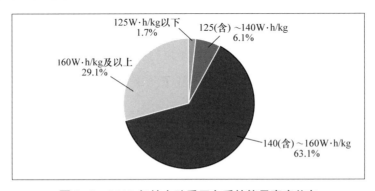

图 3-4 2019 年纯电动乘用车系统能量密度分布

图片来源：创新联盟

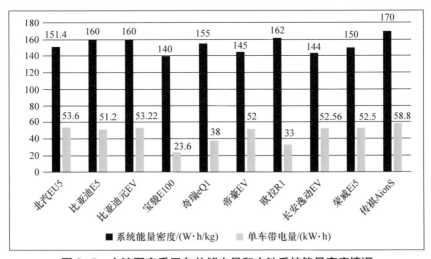

图 3-5 主流国产乘用车总储电量和电池系统能量密度情况

图片来源：创新联盟

3.2.2 电池系统技术发展趋势

补贴逐渐退出后,随着车型设计受市场导向的影响,电池系统产品技术发展将逐渐向用户需求转变,高性能、低成本、标准化、轻量化等将成为技术发展的主要方向,主要有以下技术趋势:

(1)液冷系统与下箱体集成技术

通过这种方式不仅可以大幅降低电池系统的成本,还能提高系统内部的空间利用率,减轻系统重量,提高能量密度。

(2)FPC(Flexible Printed Circuit)代替传统采集线束方案

与线束相比,FPC 有以下优点:重量轻,小型化,薄型化装连一致性好,可靠性高,安全性高,在 FPC 内部电压采集回路里内置熔丝,能有效地防止因电压采集回路短路造成的安全事故发生,还能有效地防止外短路。

(3)FFC(Flexible Flat Cable)代替模组与 BMS 之间的线束

FFC 在轻量化、空间利用率方面有很大的优势,但是目前在插接器与 FFC 的适配上还存在一些问题需要进一步研究解决。与 FPC 相比,FFC 成本较低,强度较好,在抗振动等方面也更适合于模组与 BMS 之间的连接;而 FPC 除连接功能之外,能够刻制更复杂的电路,更适合模组内部的采样等用途。

(4)无模组结构(CTP)

CTP 是取消现阶段电池系统中的模组结构,直接将电池布置在电池箱体内。数据显示,无模组结构与传统电池结构相比,零部件减少超过 20%,成组效率提高 5%~10%,空间利用率提高 5%,并且在装配工艺、制造成本方面有较大的提升;无模组结构在提高能量密度上有着先天的优势,但弊端存疑,针对三元锂电池的热稳定性较差、电池寿命较短、维护成本较高、梯次利用有难度等问题,尚未提出比较有力的证明。

(5)BMS 与 VCU 合并开发

越来越多的研究人员意识到将两个控制器集成设计对于动力系统设计

架构及控制策略方面的优势。

（6）Autosar 软件架构

BMS 的软件架构越来越多地采用 Autosar 架构，未来 Autosar 架构的 BMS 将成为 BMS 的主流产品。

（7）未来对 BMS 的功能安全要求将成为主流趋势

特别是对电池过充电、过放电、过温的检测及处理，对电池充放电功率的限制等，都需要达到 ASIL C 等级的功能安全目标等级要求。

（8）对电池安全的要求将越来越高

BMS 未来趋势是加入如热失控检测、电池漏液检测、电池压力检测、电池包进水检测等安全功能。

（9）系统架构向分布式方向发展

采集板将分布于电池模组上，另外通信形式也将由 CAN 总线向菊花链方式转变，也将出现 ZigBee 无线通信方式的采集板。

3.3 我国动力电池梯次利用及回收应用情况

3.3.1 动力电池梯次利用产业发展现状

1. 产业发展概况

截至 2019 年底，我国新能源汽车保有量已达到 381 万辆，占汽车总量的 1.46%，动力电池累计装车量超过 200GW·h。随着新能源汽车报废高峰期的到来，如果产生的废旧动力电池得不到妥善的处置，将会引发安全隐患，带来环境污染，因此动力蓄电池回收利用逐渐成为行业关注的热点领域。前期我国动力蓄电池的退役量较少，梯次利用大部分处于试验示范阶段。随着退役电池规模逐年增大，梯次利用产业也将由示范工程向商业化迅速转变。新能源汽车近 5 年的保有量如图 3-6 所示，动力电池累计装车量如图 3-7 所示。

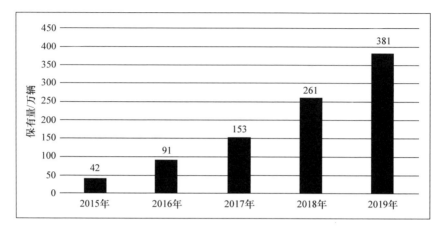

图 3-6　新能源汽车近 5 年的保有量

图片来源：公安部，创新联盟

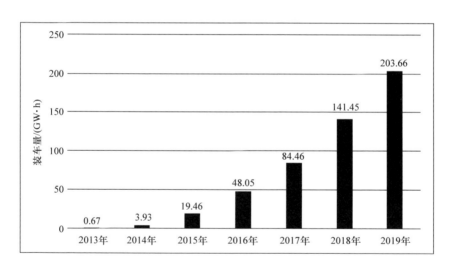

图 3-7　动力电池累计装车量

图片来源：创新联盟

2. 政策法规

近年来，我国动力电池回收利用产业重要政策汇总见表 3-3。

表 3-3 我国动力电池回收利用产业重要政策汇总

发布时间	发布单位	政策文件
2012 年	国务院办公厅	《节能与新能源汽车产业发展规划（2012—2020 年）》
2016 年	发改委等五部委	《电动汽车动力蓄电池回收利用技术政策（2015 年版）》
2016 年	工信部	《新能源汽车废旧动力蓄电池综合利用规范条件》
2016 年	环保部	《废电池污染防治技术政策》
2017 年	国务院	《生产者责任延伸制度推行方案》
2018 年	工信部等七部委	《新能源汽车动力蓄电池回收利用管理暂行办法》
2018 年	工信部等七部委	《新能源汽车动力蓄电池回收利用试点实施方案》
2018 年	工信部等七部委	《新能源汽车动力蓄电池回收利用溯源管理暂行规定》
2019 年	工信部	《新能源汽车动力蓄电池回收服务网点建设和运营指南》
2019 年	工信部	《工业绿色发展规划（2016—2020 年）》

资料来源：公开资料整理，张家港清研

3. 梯次利用主要技术路线及趋势

梯次利用目前以检测重组为主，相关技术发展情况大致如下：

（1）快速余能检测评估与电池包拆解分选

快速安全地拆解电池包对于梯次利用企业来说是梯次利用的第一步，通过拆解回收电池包，取得相应的电池或模组进行重组利用，因此拆解效率影响到最终成本。梯次电池在安全性、可利用率、剩余容量、循环次数、产品规格、退役时间和退役批次等方面差异很大。如何建立动力电池全生命周期检测系统、无损预测电池寿命，是梯次利用的关键所在。目前国内有国家级动力电池检测试验中心、国家再制造汽车零部件产品质量监督检验中心等相关检测机构专门从事梯次电池分选、应用、拆解、分析等工作。中天鸿锂、浙江华友循环、无锡格林美等企业均已建成了自动化程度不等的动力电池包拆解生产线。

（2）系统集成技术

根据梯次电池应用场景所需的电池管理系统（BMS），其主要有两大类技术方向：一是被动均衡技术；二是创新的主动均衡技术。这类BMS产品的成本虽然较传统的被动均衡BMS要高，但是针对梯次电池散而杂的特点，利用特高频主动均衡技术，可提高梯次电池利用率，延长电池寿命，降低筛选、检测成本。

4. 梯次利用电池回收体系建设情况

2018年，由于《新能源汽车动力蓄电池回收利用管理暂行办法》《新能源汽车动力蓄电池回收利用溯源管理暂行规定》《新能源汽车动力蓄电池回收利用试点实施方案》《关于做好新能源汽车动力蓄电池回收利用试点工作的通知》等一系列文件的下发，国内各地区纷纷加快建立区域回收体系，采取措施推动回收利用工作。其中，作为回收利用的主体，汽车生产企业通过多种形式构建回收体系，主要集中在京津冀、长三角、珠三角及中部新能源汽车保有量较高的地区。根据工信部发布的回收服务网点信息，截至2018年12月底，国内共有45家动力电池企业建设约3204个回收服务网点，主要以车企4S店形式进行建设。浙江豪情、华晨宝马和苏州金龙三家车企网点数量最多，分别为465、333和260个。格林美、华友钴业、赛德美与赣州豪鹏等第三方再生利用企业与整车企业合建网点已取得一定进展，考虑到电池回收渠道、责任分担和利润分配等问题，合作共建模式仍需要不断探索和完善。

在如何提高回收效率等方面，也有很多企业在积极探索，例如有的企业正在进行"互联网+电池生产者责任延伸制回收模式"的研究，在电商平台上建立废旧电池回收渠道，通过平台基础销售、物流通道，与锂电池回收产业链回收端口的对接，形成一个由销售开始、跟踪使用情况并引导终端用户对废旧锂电池进行交易的线上回收模式。同时结合梯次利用电池的溯源系统，充分利用所建立的数据库信息逆向回收，提高回收效率。

5. 梯次电池的生产及应用

目前国内规划或正在开展梯次利用的企业主要有中国铁塔、华友循环、格林美、国轩高科、宁德时代、中天鸿锂、巩义润达、株洲鼎端、湖南邦普、赣州豪鹏、比亚迪等，另外吉利汽车、万向一二三、天能、超威、华友钴业、张家港清研研究院、威马汽车等在梯次回收产业链中采用其他利用方式的企业也已经开展了梯次回收再利用工作，并取得一定的成果。

2019年7月8日，北京经信局发布《关于公布京津冀地区新能源汽车动力电池回收利用试点示范项目名单的通知》。共18个项目入选示范项目名单，申报单位主要来自车企、电池企业以及第三方回收企业等24家企业，包括北汽鹏龙、长城汽车、中国铁塔、蜂巢能源、匠心电池、海博思创、格林美等，项目涵盖动力电池回收体系建设、梯次利用和再生利用各环节。

中国铁塔公司2018年已停止采购铅酸电池，大力推广锂电池梯次利用，并形成自己的回收体系，编制了《中国铁塔退役动力电池回收体系建设方案》。该方案介绍了项目背景、建设方案与实施方案，明确了各责任主体之间的权责界面，同时编制完成了回收体系系列规范。截至2019年8月底，中国铁塔已在31个省/市约30万个基站备电领域使用梯次电池约4GW·h（约4万吨），同时与电池生产、汽车生产及综合利用企业合作，组织成立行业联盟，共建回收利用体系，并在备电、储能及对外发电应用场景加强业务拓展。

3.3.2　动力电池再生利用产业发展现状

1. 再生利用概况

新能源汽车动力蓄电池的再生利用十分重要，当退役电池不具备梯次利用价值时，可将已经报废的动力蓄电池集中回收，然后进行拆解、破碎、修复或冶炼等处理，通过工艺技术回收电池中的镍、钴、锰、铜、铝、锂等元素，再将这些材料重新制成动力电池生产所需的材料，实现循环利用，重新应用于新能源汽车中，实现动力电池全生命周期价值链打造，对降低成本、减少碳排放具有重大意义。

由于退役电池规模仍然较小，目前我国再生利用行业尚处于发展初期，以浙江华友钴业、湖南邦普、湖北格林美、广东光华、赣州豪鹏等为代表的企业已形成一定规模的再生处理能力，产能规模合计达到 30 万吨／年。

2. 再生利用技术现状

（1）拆解技术

在拆解技术方面，很多企业都具备成套的自动化拆解工艺和装备，正如上述几家企业，都具有各自特点的自动化拆解线，行业技术已趋于成熟。

（2）冶炼技术

从目前的发展趋势来看，再生利用产业的冶炼有以下三种技术途径：

第一种为火法冶金法（干法回收），顾名思义，这种废旧锂电池回收方法的思路是，向废旧锂电池表面施加高温，主要目的是将电池表面的金属外壳融化分解，之后再进行复选、沉淀，提取出金属化合物。这种方法在使用过程中虽然工作原理简单、操作简便，但是其劣势也显而易见，较高的能耗以及产生的大量废气，都给这种废旧锂离子电池回收方法带来了较大的争议。

第二种为湿法冶金法（湿法回收），这种方法相对于火法冶金法而言，主要的技术区别是用机械加工方法代替传统的加热处理方法，在一定程度上解决了实际锂离子电池回收工序中的高能耗问题。除此之外，由于该技术所采用的实际回收工艺更加先进科学，所以提取纯度更高。采用该技术，镍、钴、锰等金属元素的综合回收率可达 98%，是目前回收采取的主流技术方式。

第三种为生物浸出法（生物回收技术），该方法相对于前两种方法而言，所需要的技术水平更高。但是该方法在使用过程中的优势也显而易见，在实际的使用过程中具有高回收效率、低成本投入、更加符合可持续发展理念等优势。但是，并不是说该方法在使用过程中毫无缺陷，实际回收周期较长是其最大的问题。再生利用技术优缺点分析见表3-4。

表3-4 再生利用技术优缺点分析

后续处理方法	内容	优点	缺点
干法回收	不通过溶液等媒介，直接实现各类电池材料或有价金属的回收，主要包括机械分选法和高温热解法	可回收汞、镍、锌等重金属	造成二次污染，且能量消耗高
湿法回收	对锂电池进行破碎分选—溶解—分离回收的处理过程，主要包括湿法冶金、化学萃取以及离子交换三种方法	对设备和操作要求低，化学反应选择多，产品纯度高，能够合理控制投料，对空气无影响	反应速度慢，物料通过量小，工艺复杂成本高，回收产品价值低
生物回收技术	主要是利用微生物浸出，将体系的可用组分转化为可溶化物并选择地溶解出来，实现目标组分与杂质组分高，最终回收锂、钴、镍等有价金属	成本低，污染小，能源消耗低，微生物可重复利用	微生物菌类培养困难，浸出环境要求高，回收时间较长

资料来源：张家港清研，华友钴业

3. 再生利用企业发展情况

2018年9月5日，工业和信息化部发布了第一批符合《新能源汽车废旧动力蓄电池综合利用行业规范条件》的企业名单，包括华友钴业、赣州豪鹏等五家企业。由于我国动力电池退役规模目前仍然较小，电池来源主要为电池企业生产中产生的废品电池，难以产生经济效益，再生利用企业更多是进行小规模产线建设与技术研发，为未来动力电池大批退役潮做准备。国内再生利用企业发展现状见表3-5。

表3-5 国内再生利用企业发展现状

序号	企业名称	发展现状
1	格林美	建成废旧动力蓄电池智能化无损拆解线，开发了"液相合成和高温合成"工艺，生产的球状钴粉可直接用于电池正极材料生产
2	湖南邦普	研发了动力蓄电池模组和单体自动化拆解装备，开发的"定向循环和逆向产品定位"工艺可生产镍钴锰酸锂和电池级四氧化三钴
3	华友钴业	废旧动力蓄电池回收处理产能达65000吨（电池包）/年以上，具备电池包（组）拆解处理、单体破碎分级、湿法提纯等处理工艺
4	广东光华	已建成再生利用生产线，并开发了"多级串联协同络合萃取提纯""双极膜电渗析"等技术，采用环境友好的处理工艺实现多种有价金属元素的回收
5	北京赛德美	开发了电解液和隔膜拆解回收工艺，可将废旧电池的壳体、电解液、隔膜、正极废粉、负极废粉等材料拆解出来，再通过材料修复工艺得到正负极材料

（续）

序号	企业名称	发展现状
6	江西豪鹏	投产了锂电池回收利用项目，具备完善的废旧电池无害化处理设备和流程，利用先进的环保工艺和设备对废旧电池进行资源化处理
7	桑德集团	10万吨／年锂电池资源化循环利用项目在湖南邵阳开工建设

资料来源：工信部，公司官网

3.3.3 产业未来发展趋势预测

1. 政策发展趋势

从政策法规的梳理表可以清晰地看到，在废旧动力蓄电池回收处理市场培育过程中，国家政策根据产业分工给予充分的支持和指导。2019年3月，工业和信息化部、国家开发银行联合印发《关于加快推进工业节能与绿色发展的通知》，明确将进一步发挥部行合作优势，重点围绕工业能效提升、清洁生产改造、资源综合利用、绿色制造体系建设等领域，发挥绿色金融手段对工业节能与绿色发展的支撑作用，加强开发性金融支持、完善配套支持政策，大力支持工业节能降耗、降本增效，实现绿色发展。重点支持以下领域：

1）工业能效提升。

2）清洁生产改造。

3）资源综合利用。

其中资源综合利用领域就包含重点支持开展退役新能源汽车动力蓄电池梯级利用和再利用。

2019年7月18日，工信部发布的《工业绿色发展规划（2016—2020年）》(以下简称《规划》)指出，到2020年，绿色发展理念成为工业全领域全过程的普遍要求。另外明确提出十个任务，其中第三个任务是加强资源综合利用，持续推动循环发展，到2020年，主要再生资源利用率达到75%。

在管理方面，《规划》还提出五个保障措施：

1）加强组织领导。

2）创新体制机制。

3）落实财税政策。

4）发展绿色金融。

5）强化宣传引导。

相信后续相关管理政策会在细节上要求更加明确，支持力度也会更大。

2. 退役电池市场规模预测

下面根据新能源汽车历年产量、各车型动力电池配套量、未来预测产量、电池质保期限及车辆运行工况等因素对新能源汽车动力电池退役量进行预测。保守考虑，将乘用车电池退役年限设置为 7 年，商用车电池退役年限设置为 5 年，预测 2020 年我国新能源汽车退役电池量约为 11.6GW·h，其中三元电池 2.2GW·h，磷酸铁锂电池 8.8GW·h；预测 2025 年新能源汽车退役电池量约为 52.8GW·h，其中三元电池 30.9GW·h，磷酸铁锂电池 21.1GW·h。2013—2020 年不同车型动力电池配套量如图 3-8 所示，2020—2025 年新能源汽车动力电池退役电池量预测如图 3-9 所示，2020—2025 年三元电池和磷酸铁锂电池退役电池量预测如图 3-10 所示。

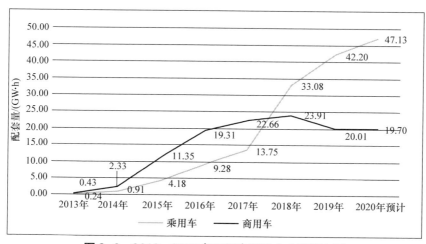

图 3-8　2013—2020 年不同车型动力电池配套量

图片来源：创新联盟

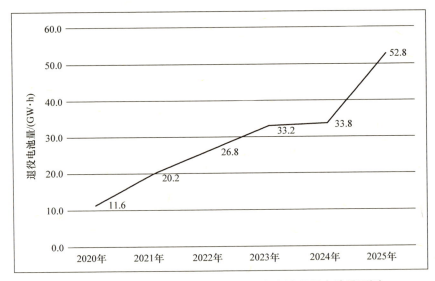

图3-9 2020—2025年新能源汽车动力电池退役电池量预测

图片来源：创新联盟

图3-10 2020—2025年三元电池和磷酸铁锂电池退役电池量预测

图片来源：创新联盟

3. 市场行情展望

结合国家环保要求日趋严格的趋势，通信基站、低速电动车用铅蓄电池逐步退出市场是未来大的发展趋势。从目前来看，采用能够梯次利用的锂离子电池替代铅酸电池的经济可行性相对较有优势，但是也取决于下列因素的影响：

1）铅酸电池退出市场的速度以及留出的市场容量需求。

2）梯次电池的供应量是否能够满足铅酸电池退出后的市场需求。如果无法满足，则势必会有其他类别的电池进入来占领市场份额。

3）由于我国先期动力电池的结构、规格多样性及质量参差不齐的因素，动力电池能否实现大规模、标准化地梯次利用尚有待市场的验证，这也牵涉梯次利用行业多而杂的现状是否会重新洗牌。

三元锂电池由于具有较快的容量衰减特性和相对较高的回收价格，早期行业内多认为更适合再生利用。随着行业发展和技术积累，目前已经有不少三元锂电池梯次利用的项目正在探索和实施，例如 2019 年 11 月 25 日，由江苏慧智能源工程技术创新研究院有限公司实施 360kW/2MW·h 梯次储能项目顺利全容量并网运行，这是国内首例兆瓦级三元锂梯次电池储能项目。在谷期充满电，峰期以 0~360kW 功率放电为企业削峰；除通过峰谷价差赚取收益之外，尽可能减少企业出现超容情况来减免每月电费罚款，创造经济效益。该项目对进一步探索、实践验证三元锂电池梯次利用于储能的可行性及相关技术，验证兆瓦级梯次储能的经济性，包括电池的衰减曲线、热管理等，都有着重要的意义。

动力蓄电池梯次利用完成后，就到了再生利用环节，被回收利用的材料经过专业处理后，不仅可以广泛应用于各种行业，有效提高资源利用率，促进实现工信部的工业节能与绿色发展规划，而且大量材料再利用还能大幅降低产品生产成本。动力电池和电动汽车也不例外，同样可以实现降成本的目的，加快推动电动汽车的发展，从而进一步减少排放、保护环境，形成良性、可持续性的循环发展模式。动力电池循环利用所产生的经济效益和社会效益显而易见，市场潜力巨大，流程如图 3-11 所示。

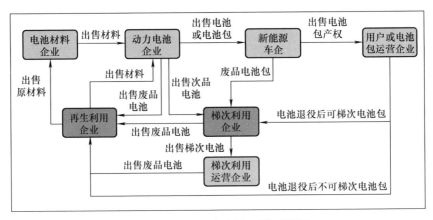

图 3-11 动力电池循环利用流程

图片来源：创新联盟

镍氢动力电池的回收价值

镍氢电池组成元素中含大量镍及稀土元素，因此具有很高的回收价值。据中国汽车技术情报研究所的数据显示，2024 年我国镍氢动力电池可回收利用金属中镍金属约 1.24 万吨，钴金属约 0.05 万吨，稀土材料约为 0.27 万吨。

针对动力电池回收过程中投入成本和回收材料产出的收益进行经济性的定量化分析，处理 1 吨废旧镍氢电池的成本为 30483.83 元，收入为 35772.77 元，利润率可达 15%。处理 1 吨废旧镍氢电池所需成本及收益测算见表 3-6。

表 3-6 处理 1 吨废旧镍氢电池所需成本及收益测算

项目	费用条目	费用/元
设备成本	设备折旧	1065.30
	设备维护	80
处理成本	原材料	10913.75
	辅助材料	4478.91
	燃料动力	2925.47
	三废处理	500
	直接人工	3466.82

（续）

项目	费用条目	费用/元
运营成本	运营期间费用	7049.58
支出合计	30480.83 元	
产品收益	硫酸镍	32427.00
	草酸钴	495.18
	稀土复盐	2850.59
收入合计	35772.77 元	
利润/元	5291.94 元	

数据来源：科力远

3.4 动力电池制造及关键装备发展概况

3.4.1 动力电池制造要求

1. 从材料技术发展看动力电池制造要求

近年来，随着新能源汽车续驶里程的不断提升，对动力电池能量密度的要求越来越高，动力电池关键材料也开始向高能量密度的方向发展。这些材料性能的改变对动力电池的制造环节提出了更高的要求：

1）正极材料比能量的提升，表现为压实密度大、材料硬脆，给界面设计、高速卷绕制造带来一定困难；随着能量密度的提升，对加工精度以及现场环境中的粉尘、湿度、温度、时间的管控更加严格。

2）负极向硅碳、锂负极方向发展，带来的最大的制造问题是极片膨胀导致电池的变形，形成极片间的缝隙，影响电池的容量及安全性，因此对加工精度以及现场环境中的粉尘、湿度、温度的管控更加严格。

3）隔膜变薄，弹性模量变化范围加大，隔膜张力控制问题难度加大，影响电池的安全性和一致性。

4）随着材料体系和电池内部结构的变化，对界面及浸润要求的提升，要求从材料化学、材料物理、机器设备特性等综合考虑电池的制造工艺。

2. 装备对动力电池制造质量的影响

随着动力电池需求量的逐年增加,全球动力电池的发展到了主要依靠制造技术推进动力电池产品进步的时代——动力电池的制造时代。这个时代的特点是从制造的角度研究动力电池材料、结构的可制造性,大幅度提升动力电池的制造质量、制造效率、制造安全性,从而大幅度降低动力电池成本,推进动力电池的大规模应用。

装备对于动力电池制造水平的进步起着关键作用,主要影响因素是装备的精度、稳定性、制造合格率、制造效率、生产设备的故障间隔、模块化程度以及成本。目前每兆瓦时动力电池装备投入小于2.5亿元,按照平均五年折旧计算,装备的折旧成本大约是0.063元/W·h,动力电池的生产成本平均为0.7元/W·h,设备折旧费占比8.9%。可以计算出,如果动力电池产品的制造合格率提升1%,就可以每年给企业挽回700万元的损失。装备的成本增加只要小于10%,对电池企业来讲就有价值;反之,如果装备的采购成本降低10%,动力电池产品的不合格率增加大于1%,那么对电池企业而言是不利的,并且有可能会带来一定的安全隐患。

3.4.2 动力电池关键核心装备发展现状

1. 整体情况

从国际上来看,日本、韩国锂电池生产装备企业起步较早,已产生韩国Koem、日本CKD、富士、东丽等代表企业,设备产品主要用于卷绕和涂布工序,在设备稳定性、精度控制和自动化水平方面较国产设备具有一定优势。但受益于我国动力电池产能规模迅速扩大带来的设备需求,近年来我国锂电池生产装备产业发展迅猛,装备的国产化率显著提升,除部分高精度设备(如测量装置)主要依靠进口外,目前我国前端、中端设备国产化率均已达到90%,涂布和卷绕设备已达到国际先进水平。后端设备国产化率超过95%,国产化替代不断加速。国内已涌现出先导智能、吉阳科技、星云股份、赢合科技等一批具有自主创新能力的代表企业，在不断提升国内市场份额的同时，与特斯拉、Northvolt、松下、LG 化学等国际客户也进一步深化设备配套合作。不同工序段所需设备名称见表 3-7，国内外主要锂电设备企业及产品见表 3-8。

表 3-7 不同工序段所需设备名称

序号	工序类别	设备名称
1	前端	搅拌机、涂布机*、辊压机、分条机、制片机
2	中端	卷绕机*、焊接机、叠片机*、模切机、注液机
3	后端	化成分容*、检测设备

注：* 为价值量较高设备

数据来源：公开资料整理

表 3-8 国内外主要锂电设备企业及产品

序号	国家	企业名称	主要设备产品
1	韩国	Koem	卷绕机、装配机
2	日本	CKD	卷绕机
3	日本	富士	涂布机
4	中国	深圳吉阳	卷绕机、叠片机、制片机
5	中国	先导智能	卷绕机、分切机、注液机、叠片机
6	中国	赢合科技	卷绕机、涂布机、叠片机、分切机
7	中国	星云股份	电子测试仪
8	中国	大族激光	焊接机、涂布机
9	中国	广州红运	合浆机

2. 锂电设备价格对比

随着锂电装备产业规模不断扩大以及技术水平的迅速提升，近年来我国动力电池装备的价格较国外仍有较大优势。据测算，当前国内动力电池企业建设 1GW·h 产能，需求设备如全部进口，则价格大约在 5 亿元，如全部换用性能相当的国产设备，则整体价格约为2.5亿元，仅为进口设备的50%左右。根据宁德时代发布的2018年招股说明书信息，其计划招标1GW·h动力电池系统设备价格约为2.79亿元，其中单体电池部分对应的设备价值约2.24亿元，所需的前中段设备和后段设备的价值量分别为1.37亿元和0.87亿元，占电芯设备整体价值比例为61.2%和38.8%。宁德时代1GW·h动力电池系统所需设备成本如图3-12所示。

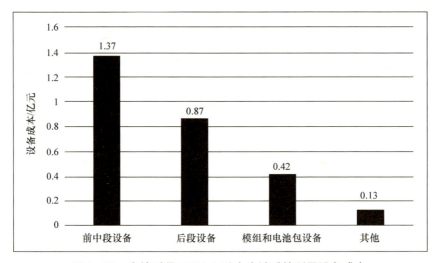

图3-12　宁德时代1GW·h动力电池系统所需设备成本

数据来源：宁德时代，创新联盟

3.4.3　产业发展机遇与挑战

目前我国动力电池装备的产业规模约占全球35%～40%的份额，仍有极大的发展潜力。一是下游设备用户产能规模大，中国作为全球最大的新能源汽车市场，对动力电池的需求不断提升，为锂电池制造装备产业发展提供了良好环境；二是创新升级快，国内锂电池龙头企业愈发重视产品研发投入，下游用户需求升级同时倒逼装备企业技术创新，产品技术水平与国际领先企业的差距在逐渐缩小；三是本土化优势，目前锂电池设备标准仍不完善，产品定制化需求较高，相对于国外企业，国内企业与本土客户进行设备开发、改进更方便及时，同时锂电池设备对售后服务要求较高，国内装备企业可根据客户要求随时提供现场技术支持服务，有效提升本土装备企业的竞争实力。

动力电池生产装备产业近年来虽然发展速度较快，但是由于国内工业基础相对薄弱，制造理念不能与时俱进，粗制滥造现象严重。虽然产能大，但优质的设备比例较低，产业仍需要系统的规范与引导，面临的主要挑战包括：

1）电池制造质量影响因素众多，装备种类多，依赖的技术领域宽，技术难度高。

2）电池材料体系和生产技术迭代较快，生产设备难以稳定。

3）电池型号多，制造工艺不断变化，难以优化。

4）我国工业基础相对薄弱。给发展高精度装备、解决尖端问题带来更大的挑战。

5）国家缺少对动力电池制造装备有组织的规范、系统的支持和专项投入。

6）缺少动力电池全生命周期的设计，如可制造性设计、基于回收的设计等。

3.5 固态电池技术发展状况

3.5.1 固态电池概述

全固态电池是目前新一代电池体系的全球研发热点。顾名思义，不含液态电解液成分的所有二次电池均可称为全固态电池。基于对固态电池的深入理解，我们将固态电池按照研究体系分为三代：

1）第一代是正负极保持不变，仅将传统锂离子电池中的液态电解液换成固态电解质,因此能量密度的优势和传统锂离子电池相比并不明显(能量密度≤250W·h/kg)。

2）第二代是优化负极,采用金属锂代替石墨作负极,可显著提高能量密度(≥350W·h/kg)。

3）第三代是优化正极,采用新型高压高容量正极材料,能量密度将会进一步提高到500W·h/kg。

目前行业宣传的所谓即将产业化的基本上是第一代固态电池,最具代表性的是日本丰田公司,其开发的第一代全固态锂离子电池样品能量密度为≤200W·h/kg,远小于传统液态锂离子电池;性价比无明显优势。第二代和第三代全固态锂金属电池的开发难度大,存在许多科学理论（固态电解质室温电导率低）和工程应用上（固态电池界面问题）的世界级挑战,全球都在主攻相关科学理论和工程应用上的难题。

作为下一代要重点发展的先进电池技术,全固态电池是学术界和产业界都在积极开发推进的重点,其中选取合适的电解质材料是重中之重。固态电解质材料的性能很大程度上决定了电池的功率密度、循环稳定性、安全性能、高低温性能以及使用寿命。

目前研究的方向主要集中在三类固态电解质领域：

1）聚合物固态电解质。

2）氧化物固态电解质。

3）硫化物固态电解质。

所以若以固态电解质类型对全固态电池进行分类,可将其分为聚合物基全固态电池、氧化物基全固态电池和硫化物基全固态电池,下面分别予以介绍。

1. 聚合物基全固态电池

从1973年报道PEO与碱金属盐的混合体系可作为离子传输介质后,聚合物电解质开发已过去46年。目前聚合物电解质的研究范围从PEO扩大到了聚烯烃、聚碳酸酯、聚醚、聚丙烯腈等多个材料体系。

2011年法国Bolloré采用子公司BatScap的全固态电池已成功运用到巴黎市区的网约车上。该固态电池负极材料采用金属锂，电解质采用PEO聚合物，因此该产品又被称为金属锂聚合物电池（LMP），其循环能力可满足1000周。该电池组的质量能量密度为100W·h/kg。

2015年博世公司收购美国初创公司SEEO，并获得其PEO基固态电池技术。该固态电池正极采用磷酸铁锂（$LiFePO_4$），负极采用金属锂，电池包的质量能量密度达到150W·h/kg，循环寿命大于2000周。

尽管PEO聚合物固态电池已经有商用化实例，但它有很多缺陷。最重要的缺陷是它的室温离子导电性很低，仅在10^{-6}S/cm级别，远低于现有液态电解液体系（$10^{-3}\sim10^{-2}$S/cm）。这就要求聚合物固态电池保持在高温环境下，以实现锂离子的正常传递。为提升电池实际工况中的功率响应，聚合物固态电池包内需要额外加入加热元件和功率改善系统来维持电池在60℃以上运行。这些配件的引入都会明显降低固态电池的能量密度。另一个重要缺陷在于PEO等多数聚合物容易被氧化，限制了固态电池中正极材料的选择范围，目前一般选择$LiFePO_4$等充电截止电压在4V以下的正极。PEO等聚合物很难应用于三元等高电压体系，这就导致基于PEO等聚合物体系的固态电池的能量密度很难超过300W·h/kg，失去了锂金属负极的优势。因此，如何实现聚合物电解质应用在高能量密度固态电池中是重要的研究方向。从目前的报道看，一个有效的方法是制备具有高电导率、高耐氧化稳定性的新型聚合物电解质。

2. 氧化物基全固态电池

文献公开记载的关于氧化物的研究主要集中在LiPON、钙钛矿型、石榴石结构和NASICON结构等类型。相较于聚合物电解质，氧化物材料的优势在于耐氧化能力高、本体电导率高（10^{-4}S/cm级别）。常见氧化物固态电解质室温电导率见表3-9。

表 3-9 常见氧化物固态电解质室温电导率

类别	材料	电导率 / (S/cm)	E_a/eV
LiPON	LiPON	6.40×10^{-6}	0.47
Li_3N	Li_3N	5.77×10^{-4}	0.45
钙钛矿	$Li_{0.34}Nd_{0.55}TiO_3$	8.00×10^{-8}	0.53
钙钛矿	$Li_{0.34}Nd_{0.51}TiO_{2.94}$	7.00×10^{-5}	0.4
钙钛矿	$Li_{0.38}Nd_{0.56}Ti_{0.99}AL_{0.01}O_3$	$3.17 \times 10-4$	0.36
反钙钛矿	$A_{2.99}B_{0.005}OCl_{1-x}(OH)_x$ (A=Li/Na)	$>10^{-2}$	<0.1
钠超离子导体	$LiTi_2(PO_4)_3$	2.00×10^{-6}	0.47
钠超离子导体	$Li_{1.2}Al_{0.2}Ti_{1.8}(PO_4)_3$	5.00×10^{-3}	0.29
钠超离子导体	$LiZr_2(PO_4)_3$	3.80×10^{-5}	0.28
钠超离子导体	$Li_{1.5}Al_{0.5}Ge_{1.5}(PO_4)_3$	4.0×10^{-4}	0.37
钠超离子导体	$Na_{3.3}Zr_{1.7}La_{0.3}Si_2PO_{12}(Na^+)$	3.4×10^{-3}	0.29
氧化铝	$Na \cdot \beta" \cdot alumina(Na^+)$	2.00×10^{-3}	
石榴石	$Li_7La_3Nb_2O_{12}$	1.00×10^{-5}	0.43
石榴石	$Li_5La_3Ta_2O_{12}$	1.54×10^{-6}	0.57
石榴石	$Li_6BaLa_2Ta_2O_{12}$	4.00×10^{-5}	0.4
石榴石	$Li_7La_3Zr_2O_{12}$	2.44×10^{-4}	0.31

目前,分析已公开的资料,基于氧化物电解质的固态电池一般可分为三类,包括氧化物薄膜全固态电池、氧化物膜片电池、有机-氧化物复合电解质电池。

(1)氧化物薄膜全固态电池

氧化物电解质成功应用的实例是 20 世纪 90 年代美国橡树岭实验室开发的薄膜电池。同于传统锂离子电池的涂布制备工艺,氧化物薄膜全固态电池(以下简称薄膜电池)通常使用磁控溅射、脉冲激光沉积、热蒸发等镀膜方法或化学气相沉积、溶胶-凝胶等合成方法成膜。

薄膜电池的特点在于电解质层、电极层厚度均为微米级以下,使得层内形成致密堆积,具有良好的界面接触。已报道的薄膜固态电池均具有超长的循环寿命,如橡树岭国家实验室以钴酸锂($LiCoO_2$)为正极、Li 为负极、LiPON 膜为电解质层的薄膜型。固态锂金属电池循环可达 40000 次，容量保持 95%。

基于薄膜电池长寿命、微体积的特点，其在智能卡、电子标签、集成电路、微电子系统电源、可植入医疗器件、航天航空等领域有广泛的应用前景。但是在动力电池、储能领域，薄膜电池面临的挑战巨大，这主要表现在以下两个方面：

1）容量限制。薄膜电池的容量由正极层内正极材料的性能发挥和物质含量直接决定。目前薄膜电池的容量一般控制在毫安时以下，理论上正极层厚度增加可增大电池的容量，但实际情况是百微米级厚度正极层薄膜制备工艺的难度非常大。当正极厚度增加后，薄膜电池会有两个技术风险：一是正极厚度增加，正极表面的粗糙度增大、不均匀性增加，造成薄膜电池内阻的增大和电池效率的降低；二是正极容量增大，负极侧锂沉积量增大，导致电池体积变化大，容易引起薄膜电池结构崩塌和电池短路。

2）成本限制。形成由氧化物电解质材料构成的电解质层时，大多需要加压并以 1000℃左右的高温烧结，或者利用蒸镀法成膜，这导致其大规模、低成本制备固态电池的可行性低。

针对薄膜电池单个电池容量只有毫安时、远不能用于动力和储能领域的缺陷，美国初创公司 Sakit3（已被英国戴森公司收购）提出将数目超过 1000 层单个电池进行叠层处理，实现薄膜电池的多层化和安时级容量，并宣称其薄膜电池的体积能量密度可以做到 1000W·h/L 以上。截至 2019 年，Sakit3 还未有实际可用于动力、储能领域电池产品的信息报道。以此看来，薄膜全固态电池的量产商用化路程有待观察。

（2）氧化物电解质膜片全固态电池

不同于薄膜电池，氧化物电解质膜片全固态电池是将电解质首先制备为百微米级的厚片，后在电解质片两侧涂敷正负极材料，形成夹心结构固态电池。该电池的优势在于，对正负极工艺要求低，可制备高载量的正极层，进而提升电池容量。

日本 Ohara 玻璃公司是该领域的佼佼者，其开发的 $Li_2O-Al_2O_3-SiO_2-P_2O_5-TiO_2$ 系氧化物固态电解质膜片（商品名 LICGC）可以做到 15cm，室温电导率可达 $3×10^{-4}$S/cm，压实密度达到 2.72g/cm^3，同时具有良好的隔水能力和对锂金属稳定性，并初步试用于锂空气原电池元件。

然而，该技术的应用也存在诸多限制。

1）作为电池核心部件的电解质的膜片厚度较高（一般为 200μm 左右），大大降低了电池的能量密度。

2）一旦减小电解质膜片的厚度，则面临烧结工艺难度大、膜片易碎等挑战。

3）该工艺下电解质单独成膜，且膜片表面需抛光导致表面光滑，后期与正负极之间的接触性较差，界面阻抗大。

4）该技术难度高，掌握该技术的企业少，导致该膜片的成本居高不下。

为了改善电解质与正极层之间的界面接触，丰田等公司采用将固态电解质与氧化物正极材料共烧的方式，促使两者一体化。为了抑制正极材料在高温烧结过程中活性材料损失、结构崩塌等，丰田公司一直致力于开发新的烧结工艺，如降低电解质、联合体的烧结温度。

目前，该类型的固态电池一直未见有大规模用于动力电池的报道，重要原因在于目前锂离子电池用氧化物正极材料在脱/嵌锂过程中，均伴随着明显的体积变化，导致氧化物固态电解质颗粒和正极材料颗粒之间的接触性持续恶化，电池的容量、功率性能无法正常发挥。

（3）有机-氧化物复合电解质全固态电池

为了提升氧化物固态电池内材料接触，借鉴聚合物材料的优势，一部分研究人员将研发重点转移到有机-氧化物复合电解质固态电池。该体系的特点是，利用聚合物的高形变能力，改善体系内各种材料之间的接触性。同时利用可浆料性，实现电解质的涂布工艺化，无需高温烧结即可制备厚度小于50μm的电解质膜，大大提升了制膜效率，降低了成本。

该体系现今需要面对的挑战是，所选聚合物材料需要具有良好的耐氧化稳定性、有机-氧化物复合体系的锂离子导电率还比较低（仍低于10^{-4}S/cm级别）。

3. 硫化物固态电池

2011年日本东京工业大学菅野课题组、丰田公司报道了一款新型硫化物固态电解质材料——$Li_{10}GeP_2S_{12}$（LGPS）。LGPS室温电导率达到12mS/cm，与传统液态电解液电导率一致。该材料具有三维框架结构，沿c轴方向具有一维导电通道。菅野课题组于2016年再次报道了新型电解质材料$Li_{9.54}Si_{1.74}P_{1.44}S_{11.7}Cl_{0.3}$（LiSiPSCl），该材料室温电导率提升至25mS/cm，是现有锂离子传导性能最好的介质，同时LiSiPSCl与金属锂之间的稳定性明显优于LGPS。

基于硫化物电解质材料的电导率和电化学稳定性的优势，各大企业也逐步开始技术布局，包括丰田、三星、出光兴产、本田、日立造船、CATL、Solid Power、宝马等公司。

丰田已有20年硫化物固态电池的开发历史，具有较深的技术沉淀，拥有相当的硫化物专利和200多人的技术开发团队。丰田于2010年11月18日在日本推出了约10cm×10cm的层压型全固态电池原型。电池的正极、负极和固体电解质分别使用$LiCoO_2$、石墨和硫化物制成。4个单体电池串联后的平均电压达到14.4V（3.6V×4）。2014年，丰田开发出能量密度为400W·h/L全固态电池的原型电池并尝试应用于电动平衡车。2017年，丰田宣称将于2025年实现固态电池小批量试产，大规模量产要在2030年左右。

2010年，出光兴产在首次日本国际电池展中展示了1A·h级硫化物固态电池单体以及输出电压为12V的电池模组（4组串联），面积

100mm×150mm。单体电池中固体电解质膜的厚度约为 100μm，但电池功率和能量密度数据尚未公开。

2015 年，日立造船试制完成硫化物固态电池单体，正极采用三元材料，负极使用碳材料，100mm×100mm 大面积单体容量发挥实现 200mA·h。10 层电池单体串联后容量达到 2A·h，能量密度达到 200W·h/kg。其 50mA·h 单体电池（50mm×50mm）循环 250 周以上，容量保持率仍有 98%。

2014 年，三星公司发表文章公布其实现安时级硫化物固态电池制备，而且阐述其湿法工艺。2015 年，三星 SDI 的全固态电池试制样品可达 300W·h/kg。目前三星正开发更高能量密度的锂金属固态电池。

硫化物电解质材料的电导率优势非常明显，但其开发过程中也面临着诸多挑战。

1）固体材料之间需要保持良好的接触性。如上面氧化物阶段所言，目前大多数电极材料在电池充放电过程中存在体积变化，减少了固体材料接触，导致锂离子传输通道出现断开。

2）安全性。现今开发出的硫化物材料由于自身硫的化学性质，硫化物容易与空气中水分反应，产生有毒产物硫化氢。

丰田等公司对于产生硫化氢气体的解决方案大多是：

1）开发不容易产生硫化氢气体的材料。

2）在全固态电池中添加吸附硫化氢气体的材料。

3）为电池设计抗冲撞构造。

但这些做法都会导致电池体积增大以及加大成本。因此，使用硫化物固态电池的电动车要实现大规模推广，必须要解决上述两个基本问题。

3.5.2 固态电池企业布局情况

我国固态锂电池的研究起步相对较晚，但是进展很快。清华大学、北大深圳研究院、电子科大、国防科大、中科院物理所、化学所、宁波材料所、青岛能源所、上海硅酸盐所等单位已开展固态锂电池关键材料、固态锂电池制造装备及电池制造技术的研发。同时，国内锂电池材料及电池优势企业，如清陶能源、辉能科技、赣锋锂业、万向一二三、卫蓝新能源、国科高轩、宁德时代等企业，也已开始布局固态锂电池技术开发。赣锋锂业向产业化推进的进程相对较快，目前已初步建立了与整车企业的对话机制，下一步有望将现有能量密度250W·h/kg的固态电池产品进行装车验证。

总体来看，全球都在积极研发固态电池技术，其中我国企业以电池企业为主，而日本、韩国、欧美国家则以车企为主，体现出中外企业在下一代动力电池技术布局方面的思维差异。整车企业目前投资固态电池技术，并不是真正认为固态电池已经具备现实的装车特性，因为相对于锂电池各个方面的综合特性，固态电池仍有较长的路要走。

3.5.3 固态电池大规模推广应用存在的难点

固态电池因不易燃、安全性好、能量密度高的特性被行业重点关注，并被认为是下一代动力电池的首选。但是，作为高性能体系的新型锂电池，固态电池在大规模产业化方面仍然面临诸多挑战：

1) 关键材料技术攻关仍需要进一步提升，体系供应链完善仍需时日。虽然固态电池上游相关材料发展很快，但是仍存在性能短板，尤其是固态电解质材料，距离高性能电池系统的要求还很远。作为固态电池负极重要原材料之一的金属锂，抛开应用技术不谈，目前金属锂均价维持在60万～70万元/吨，且长期的价格波动也会给固态电池产业化进程造成阻碍。此外，生产装备、技术工艺大多仍在摸索优化的初级阶段。

2) 其次，从技术环节来说固态电池技术路线多元化。聚合物固态电池和硫化物固态电池，究竟哪条技术路线更快能实现产业化全球仍未达成共识。复合电极内、电极/固态电解质间的界面问题、复合电极的固化工艺技术以及电极/固态电解质间的集成工艺技术，仍然是困扰行业的技术瓶颈。长期使用时，固态电池结构与界面发生变化导致稳定性不理想，对其循环寿命的影响机制尚不明确。

3）成本问题。半固态电池作为过渡产品，从解决电池安全性入手，到实现规模效应，降低固态电池产业化的成本，可能是一个更为稳妥的方式。初期，它可以沿用液态的正负极材料和供应链，减少商业化道路上成本的额外增加项。由于固态电池的生产成本中大多数为生产过程成本，因此扩大生产规模能够有效地降低电池的成本，如果产能扩大到 $10\sim20GW\cdot h/$ 年，则生产过程成本会大幅下降到原来的 1/10，因此最终准固态电池的成本有望大幅下降。但是即便如此，生产过程成本的占比仍然超过 50%，相比于锂离子电池（过程成本仅为 20%~30%）仍然明显偏高。因此，从降低固态电池成本来看，无论是固态电解质材料成本、电池工艺组装还是结构优化，都需要进行大量工作。需要进一步通过技术创新、产业链布局、工艺设备优化迭代，多管齐下，最终降低成本。预测到 2025 年以后，固态电池系统的成本可以做到 100 美元 $/kW\cdot h$。

3.5.4　固态电池未来发展趋势

虽然固态电池技术尚未成熟，但是整车企业、汽车零部件企业、电池生产企业和上游原料商、科研院所等都在积极布局，具有广阔的发展前景。我国固态电池领域某知名专家表示，"要达到 2020 年及以后动力电池能量密度发展的要求，实现能量密度大于 $500W\cdot h/kg$ 的目标，现有的液态电解质电池体系恐怕无能为力。作为下一代面向 $500W\cdot h/kg$ 的电池技术路线，固态电池体系的研发已成为刚需。新能源汽车产业中长期发展需要新的技术储备，固态锂电池则有望成为下一代车用动力电池主导技术路线。它不只是未来二次电池的重要发展方向，也是当前的重要任务。"与此同时，也有业内人士指出，从技术和产业化进程来看，固态电池将经历一个混合固液、半固态到全固态的渐进过程，这一历程可能还要在十年左右。中国科学院院士欧阳明高也表示，从全球发展态势来看，固态电池的产业链仍然薄弱，从半固态电池走向全固态电池还有很长一段路，全固态电池大规模商业化估计在2025—2030年以后才会真正实现。

第 4 章 氢燃料电池产业发展情况及运行特点

4.1 2019 年燃料电池汽车产业总体情况

4.1.1 市场发展情况

2019 年全球燃料电池汽车市场发展趋势整体向上。

据统计,2019 年全球燃料电池汽车市场新增保有量 10600 辆,较 2018 年全年总量 5523 辆增长 91.9%。韩国市场增长较快,从 2018 年销量 700 多辆,增长至 4194 辆,超过美国和日本,位居世界首位。我国燃料电池汽车市场 2019 年累计产量 3022 辆,占全球市场总量 28.5%,较 2018 年增长 86.7%,依然为全球最大的燃料电池商用车市场。截至 2019 年底,全球燃料电池汽车保有量约 24086 辆。

1. 2019年总量市场发展情况

2019年1—12月,国外燃料电池汽车新增保有量约7578辆,较2018年同比增长94.1%,总保有量约17517辆。

2014—2019年,国外市场集中在美国、日本、韩国。2019年1—12月,韩国市场以4194辆跃居世界首位,超越美国和日本。随着能源战略加紧布局及节能减排压力加大等因素影响,德国、荷兰、加拿大、比利时等国家也加快燃料电池汽车的推广。2014—2019年全球燃料电池汽车销量如图4-1所示,2019年全球燃料电池汽车主要区域销量如图4-2所示。

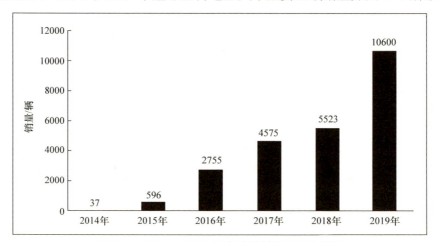

图4-1　2014—2019年全球燃料电池汽车销量

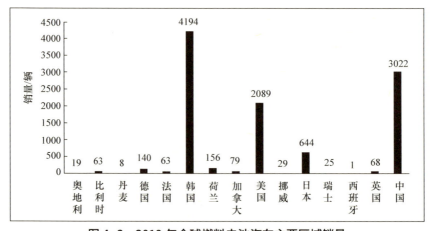

图4-2　2019年全球燃料电池汽车主要区域销量

第4章
氢燃料电池产业发展情况及运行特点

与国外市场增长放缓形成鲜明对比，2019 年我国燃料电池汽车发展进入快车道。

根据中国汽车动力电池产业创新联盟统计，2019 年 1—12 月，燃料电池汽车产销完成 3022 辆，较 2018 年增长 86.7%。车型以客车和货车为主，2019 年总量占全球燃料电池商用车市场份额的首位。

2019 年 1—12 月，我国燃料电池汽车市场经历三次"跳跃式"增长。

第一次：受到补贴政策退坡和年底订单的影响，2019 年 1 月出现了一个小高峰，产量达到 333 辆；第二次：同样受到补贴政策的影响，5 月份产量完成 359 辆，较 4 月份增长 3.6 倍，6 月份产量达到 519 辆，较 5 月份增长 44.6%；第三次：受益于商用车年底集中采购的市场规律，12 月份产量超过 1000 辆，达到 1417 辆，成为全年最高峰值。

但受政策尚未落地、基础设施建设不完善、产业链不成熟等因素影响，燃料电池汽车的市场尚需拓展，大多数企业的规划不具有连贯性，导致我国燃料电池汽车的生产量极不稳定。2019 年我国燃料电池汽车市场产量及同比增速如图 4-3 所示。

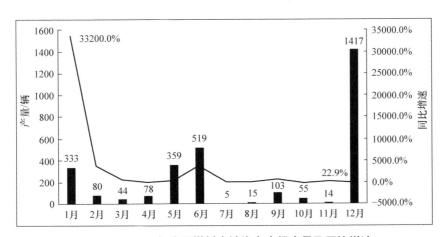

图 4-3　2019 年我国燃料电池汽车市场产量及同比增速

资料来源：创新联盟

2. 车型细分市场发展情况

2019年全球燃料电池汽车细分市场差异明显，我国市场发展路径日益清晰。从国际上看，燃料电池汽车主要发力在乘用车市场，集中在以丰田Mirai、本田Clarity为代表的轿车市场和以现代NEXO、奔驰GLC为代表的SUV市场。2019年1—12月，燃料电池SUV市场增长趋势显著，在市场总量中从2018年的22.7%增长到2019年的63.4%，现代NEXO贡献量最大。燃料电池轿车市场占比燃料电池汽车市场总量的36.4%，其中丰田Mirai持续领跑，占比88.5%。2014—2019年国外燃料电池汽车细分市场分布如图4-4所示。

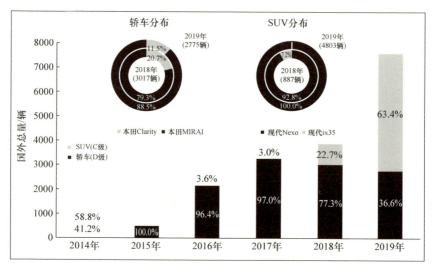

图4-4 2014—2019年国外燃料电池汽车细分市场分布

近两年，国外也开始推动燃料电池商用车的应用。基于燃料电池在中长途载货运输领域的优势，中重型商用车应用加大。从2019年开始，现代汽车将在未来5年，向H2 Energy公司提供1000台氢燃料电池重型载货汽车，车型包括冷藏车及一般箱体车；美国初创公司尼古拉汽车公司收到800辆燃料电池重型载货汽车的租赁订单，计划在2020年启动量产；丰田计划在2020年东京奥运会期间推出550辆燃料电池客车服务观众和大会人员，在2022年北京冬奥会上增加至2000辆。

我国燃料电池汽车产业进入了市场培育期，以客车、货车等商用车型为先导，30多个城市出台了氢能规划及燃料电池汽车示范推广方案，总量超过了3000辆。同时，我国也成为全球商用车最大的市场。

2019年我国燃料电池货车产量呈较快增长，总产量达到1682辆，较2018年增长85%，占总量的55.7%，反映出燃料电池货车在中长途、重载领域的优势日益凸显。随着城市货运、冷链物流、港口码头等应用领域需求的增加，燃料电池货车前景广阔。

2019年，我国燃料电池客车总产量为1340辆，较2018年增长88.7%。

从月度统计来看，不同于燃料电池货车的骤升骤降，客车市场相对平稳，但相较于2018年12月单月产量，客车增长较2018年增长近1倍，这主要是佛山、苏州、常熟等地方氢能规划及奖励扶持政策出台拉动采购数量等因素的影响。由此可见，在现阶段，产业仍离不开政策的支持与驱动。2018—2019年我国燃料电池汽车细分市场销量对比如图4-5所示。2019年我国燃料电池汽车细分市场月度销量如图4-6所示。

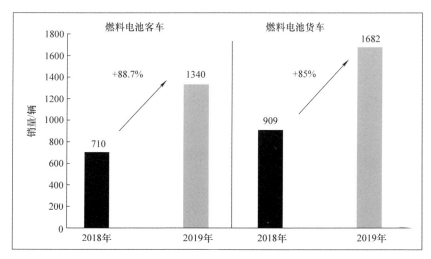

图4-5　2018—2019年我国燃料电池汽车细分市场销量对比

资料来源：创新联盟

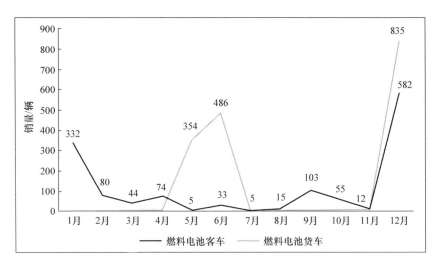

图 4-6　2019 年我国燃料电池汽车细分市场月度销量

资料来源：创新联盟

3. 2019 年主要品牌产销数据

丰田、本田和现代三家公司的销量合起来，几乎占据了国外燃料电池汽车市场的总销量。丰田继续保持领先地位，2014—2019 年，丰田 Mirai 累计销量超过 1 万辆，占全球总保有量的 41.8%。值得一提的是，2019 年，现代燃料电池汽车累计销量首次超越丰田，跃居世界首位。2014—2019 年国外主要汽车品牌燃料电池汽车总量如图 4-7 所示。2019 年三大汽车品牌燃料电池汽车销量如图 4-8 所示。

自 2017 年开始，我国燃料电池汽车发力点开始集中在商用车领域。 中通客车、上汽大通、上海申龙、佛山飞驰、东风、福田、宇通等企业推广力度较大，其中，中通客车、上汽大通、上海申龙、佛山飞驰四家企业 2019 年产量占比全年总量的 72.3%。上海申龙全年总产量 903 辆，位居全国第一，占比 29.9%。2017—2019 年我国主要汽车品牌燃料电池汽车概况如图 4-9 所示。2019 年我国主要汽车品牌燃料电池汽车产量如图 4-10 所示。

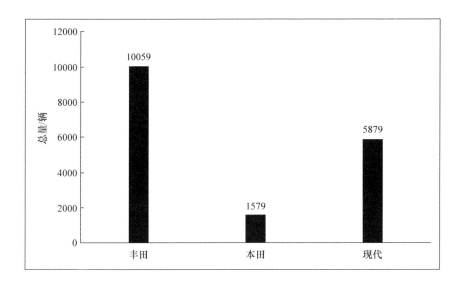

图 4-7 2014—2019 年国外主要汽车品牌燃料电池汽车总量

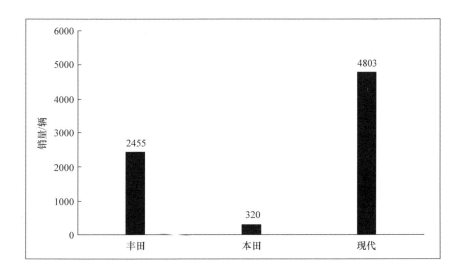

图 4-8 2019 年三大汽车品牌燃料电池汽车销量

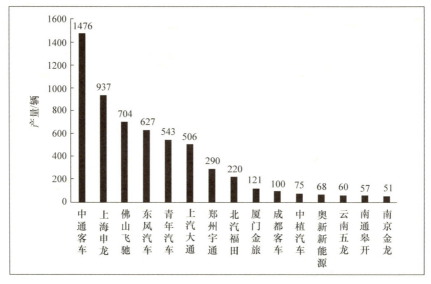

图 4-9　2017—2019 年我国主要汽车品牌燃料电池汽车概况

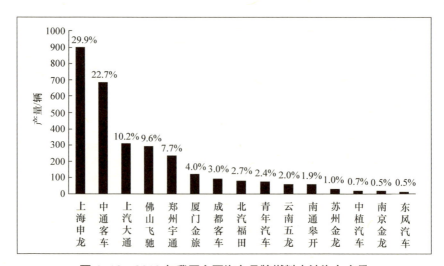

图 4-10　2019 年我国主要汽车品牌燃料电池汽车产量

资料来源：创新联盟

2019 年我国燃料电池货车发展趋势明显，较大比例集中在燃料电池厢式运输车和燃料电池保温车市场，京东、申通等物流公司也开始布局。2019 年，我国燃料电池重型货车市场迈出一步，江铃重汽 12 辆重型货车已投放市场，等待检验。2019年我国燃料电池货车整体情况如图4-11所示。

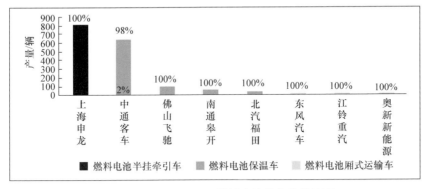

图4-11 2019年我国燃料电池货车整体情况

资料来源：创新联盟

4.1.2 政策动向

裹挟着全球能源结构转型和汽车产业变革的浪潮，世界各国纷纷将氢能与燃料电池列入国家战略重要组成部分。日、韩、欧、美等国家陆续制定了发展方案、路线图及相关法案等，相应出台了购车补贴、税费减免、加氢站建设补贴、研发支持等政策，加快燃料电池汽车（FCV）的商业化推广。

1. 日本发展燃料电池政策动向

日本的氢能和燃料电池汽车产业处于领先地位，这与政府扶持有着密切关系。2014年4月，日本内阁会议通过《氢能基本规划》，把氢能提升到二次能源的核心位置，随后制定并更新了《氢能基本战略》，规划了2020—2050年发展路线。根据该规划，到2020年，日本燃料电池汽车保有量将达到4万辆；到2030年，燃料电池汽车保有量将达到80万辆；到2050年，燃料电池汽车将替代新增传统燃油车，氢气价格可降低到天然气发电价格水平。日本中央和部分地方政府对加氢站的建设、燃料电池汽车的购置以及家用燃料电池等出台了一系列支持政策，并且研发投入累计超过150亿元人民币。2015年，日本中央政府和东京等地方政府，对燃料电池汽车的购置补贴持续不变，几乎是整车购置价格的50%。自2010年至今，日本氢能和燃料电池行业研发投入超过60亿元，其中2019年研发投入超过10亿元。2019年3月12日，日本经济产业省发布了新版《氢能与燃料电池路线图》，修订了2017年版提出的2030年的技术性能和成本目标；9月18日，日本政府出台《氢能与燃料电池技术开发战略》，着眼于燃料电池、氢供应链和电解水产氢三大技术领域，确定了包括车载用燃料电池、定置用燃料电池、大规模制氢、水制氢等10个项目作为优先领域，并通过互相合作来促进技术的研究与开发。这标志着日本从战略到战术再到具体项目执行层面稳步推进氢能和燃料电池的技术发展与应用。

2. 德国发展燃料电池政策动向

德国重视氢能产业的发展，也是氢能产业发展较为领先的国家。2004年德国政府牵头成立了国家氢能与燃料电池组织（NOW），以支持氢能经济的初期发展。2007年以来，氢和燃料电池技术国家创新计划（NIP），用以资助相关技术研发，NIP总共投入了14亿欧元。德国重点开发零排放氢能乘用车、客车、列车。2019年9月10日，德国联邦交通部公布了9个"氢区"名单，通过提供咨询发掘地区氢产业潜力（HyStarter）、帮助地区深入分析并制定产业规划（HyExperts）、资助已成形的规划落地实施（HyReformer），建立氢示范区，进一步加快德国绿色氢能应用的推广。另外，德国政府对电动出租车每辆补贴8000欧元，购车补贴2500~4000欧元/辆。

3. 韩国发展燃料电池政策动向

韩国大力发展氢经济，氢能和燃料电池汽车技术处于国际第一梯队。2019年1月，韩国政府发布了《氢经济发展路线图》，计划到2040年燃料电池汽车累计产量由目前的2000余辆增至620万辆，加氢站从现有的

14个增至1200个。届时，燃料电池汽车售价有望降至3000万韩元（约合人民币18.9万元）左右。政府还计划在公共交通领域普及燃料电池汽车，力争到2040年普及4万辆氢燃料电池公交车。同时，韩国将延长购置补贴至2022年，新增客车补贴2亿韩元（约合人民币120万元），实施减免购置税、保有税、拥堵费、停车费等，用氢免税，客运类客车减免50%购置税，给予加氢站国有土地租赁费减免50%。韩国燃料电池汽车补贴比例超过售价的60%，加氢站补贴达到建设费用的50%（上限15亿韩元）。

4. 美国发展燃料电池政策动向

美国开始逐渐重视氢能和燃料电池汽车产业。2019年11月，美国燃料电池和氢能源协会（FCHEA）发布美国氢经济路线图执行概要报告，指出到2030年，美国氢气需求总量达1700万吨氢（2018年全球氢气总量2500吨）、建成5600座加氢站、推广560万辆燃料电池汽车。美国加州燃料电池汽车全球推广数量最多，得益于当地利好政策。除了购买燃料电池汽车享受税收抵免优惠政策、加氢站建设可享受30%~50%的税收抵免之外，在加州，车主购买1辆燃料电池汽车可获得政府补贴5000美元，丰田还补贴每位车主15000美元的加氢卡。

5. 我国发展燃料电池政策动向

2019年，我国更加重视氢能和燃料电池汽车产业的发展。3月，新能源汽车补贴开始退坡，但燃料电池汽车除外。同期，《政府工作报告》首次提出"推动充电、加氢等设施建设"。国务院关于落实《政府工作报告》重点工作部门分工意见中提出明确分工意见，要求推动充电、加氢等设施建设，由财政部、工业和信息化部、国家发展改革委、商务部、交通运输部、住房和城乡建设部、国家能源局等按职责分工。10月，国家能源委员会召开了第四次全体会议，要求加快探索氢能商业化路径。

我国多个地方政府将氢能和FCV作为当地重大战略。截至2019年底，全国4个直辖市、10个省份30多个地级市先后出台促进氢能产业发展的补贴办法、规划或意见，积极抢占燃料电池汽车战略性新兴产业培育和发展的政策机遇，以实现跨越式发展和产业引领。

4.1.3 整车技术水平

日本、韩国、德国氢能和燃料电池技术全球领先，我国近两年技术进步加快。

在乘用车方面，我国与日本、韩国整车的技术路线不同。日本、韩国以"大电堆加小电池的电电混合技术路线"为主，我国和德国以"中等功率电堆加较大电池技术路线"为主，主要体现在燃料电池功率、车辆冷启动温度和系统耐久性三个指标。据统计，国外燃料电池乘用车所搭载的燃料电池电堆功率分布在85~114kW之间，国内大多集中在36～55kW之间。

在车辆冷起动温度方面，国外普遍低至−30℃，国内目前为−25～−15℃；在车辆耐久性/质保指标上，国外燃料电池乘用车型在16万千米以上，国内为9万千米，差距较大。国内外主要燃料电池乘用车技术参数见表4-1。

表4-1 国内外主要燃料电池乘用车技术参数

项目	丰田 MIRAI	现代 NEXO	本田 Clarity	奔驰 GLC F-CELL	上汽荣威 950 FCV
最高车速/（km/h）	178	208	165	170	160
百公里加速时间/s	9.6	9.5	8.8	11.3	12
续驶里程 NEDC /km	550	805	589	437	430
电堆功率/kW	114	95	103	87	36～55
整车耐久性/质保/km	400000	160000	320000	200000	90000

（续）

项目	丰田 MIRAI	现代 NEXO	本田 Clarity	奔驰 GLC F-CELL	上汽荣威 950 FCV
冷起动温度/℃	-30	-30	-30	-25	-20
储氢量/kg	4.6	6.1	4.2	4.4	4.3
储氢压力/MPa	70	70	70	70	70
电机峰值功率/kW	113	120	130	147	110
动力电池参数/kW·h	1.6	1.5	1.7	13.8	11.8
售价/万元	40以下	38以下	租赁或单位购买	仅租赁	—

注：本表格统计的是在推广应用的车辆信息，未包含展车。

国内外燃料电池商用车技术路线对比与乘用车类似。国外车型所搭载的燃料电池系统功率等级集中在100kW以上，国内集中在30～100kW；国外车型的冷起动温度集中在-30℃，国内宇通客车可以低于-30℃；国外车辆耐久性/质保最高18000h，国内最高12000h。

2019年我国投入燃料电池商用车研发、制造、运营的整车企业数量增加至31家，以大通、东风、中通、申龙、五龙为典型。国内外主要燃料电池商用车技术参数见表4-2。

表4-2 国内外主要燃料电池商用车技术参数

项目名称	客车			货车/客车						
	美国 Van Hool	美国 New Flyer	德国 奔驰	日本 日野 SORA	宇通	飞驰	大通	东风	中通	申龙	五龙
燃料电池功率/kW	120	150	2×60	2×114	30/60	85	30	30	32	60	46
动力电池能量/kW·h	17.4	47	26	2×1.6	64.5	36	14.3	20	27	100	90

（续）

项目名称	客车				货车/客车						
	美国 Van Hool	美国 New Flyer	德国奔驰	日本日野 SORA	宇通	飞驰	大通	东风	中通	申龙	五龙
电机峰值功率/kW	2×85	2×85	2×80	2×113	100	150	100	120	120	200	150
储氢瓶压力/MPa	35	35	35	70	35	35	35	35	35	35	35
储氢瓶个数/个	8	8	7	10	8	8	2	3	3	8	6
氢气量/kg	40	56	35	18	25	25	4.4	6.2	9	24	18
耐久性/h	18000	8000	12000	5000	4000/12000	12000	5000	12000	12000	12000	12000
续驶里程/km	350	483	250	200	600	300	490	200	350	350	350
冷起动温度/℃	−30	−30	−25	−30	−30	−15	−10	−15	−15	−15	−15

4.1.4 汽车企业发展战略分析

1. 丰田发展战略分析

丰田在燃料电池汽车市场全球领先，已经发展了约30年。

（1）丰田新能源总体战略

到2025年，丰田新能源汽车销量达到550万辆，其中燃料电池车达到30万辆规模。为了实现氢燃料电池的规模化发展，丰田计划在2020年前后将MIRAI、氢燃料电池大客车等氢燃料电池车的销量扩大至每年3万辆以上。

（2）丰田燃料电池汽车战略

目前丰田燃料电池汽车的区域市场集中在日本、美国、欧洲，从私家车和客车领域打开局面；丰田看好中国市场，选择从商用车入手在中国推广氢燃料电池技术。2019年，丰田已与北汽福田、亿华通，以及与一汽股份、苏州金龙和上海重塑能源科技有限公司达成合作,加大在中国推广燃料电池汽车的力度,同时与清华大学共同创设研究汽车电动化和安全技术的"清华大学－丰田联合研究院"。2019年4月,丰田在中国建立的首座加氢站正式落成,正式启动"MIRAI未来"在中国的实证实验。

（3）丰田通过开放技术做大燃料电池汽车市场蛋糕

2019年4月3日,丰田表示将开放丰田拥有的关于电机、电控、系统控制等车辆电动化技术的专利使用权,涉及专利约23740项,其中包括多项燃料电池开发的专利技术。值得关注的是,日系车企向来非常重视专利保护,此次丰田主动开放专利使用权,足以看出丰田在发展氢燃料电池市场上面临的压力。丰田希望通过专利共享手段,扩大燃料电池汽车相关的市场规模,同时扩大其核心技术和零部件的应用份额,摊薄研发生产成本。

（4）丰田燃料电池汽车产品规划

自1992年起,丰田开始研发燃料电池汽车;2014年MIRAI上市以来,目前全球累计销量已经超过1.1万辆,全球排名第一;丰田还在研发燃料电池客车"SORA",该车使用了2组MIRAI燃料电池系统;2019年,第二代MIRAI在东京车展发布,计划在2020年年底上市;同时,丰田还将在2020年左右投入约200台燃料电池叉车。

2. 本田发展战略分析

（1）本田燃料电池总体战略

本田与通用汽车合作建立行业首个联合燃料电池系统制造公司,计划在2020年开始大规模生产。

（2）本田燃料电池市场战略

目前本田销售市场主要在日本、欧洲、美国,暂时没有向中国市场引入燃料电池汽车的打算。

（3）本田燃料电池汽车产品规划

本田目前在售的燃料电池汽车为轿车 Clarity，该车型的生命周期规划到 2022 年。

3. 现代发展战略分析

（1）现代燃料电池汽车总体发展战略

在现代汽车氢世界的构架中，氢燃料电池的应用已经扩散至工业和大型机械制造等领域。根据"现代汽车 2030 发展愿景"规划，预计到 2030 年，现代汽车可以达到年产 50 万辆燃料电池汽车、70 万套燃料电池系统的产能规模，将为汽车、轮船、铁路及无人机等多个领域提供相应的服务；预计现代汽车及其供应商体系将投资 7.6 万亿韩元，用于燃料电池系统研发和相关配套设施。2019 年 8 月，现代摩比斯环保汽车配件工厂建成，到 2022 年该工厂将燃料电池系统年产能提高至 4 万套，高于目前的 3000 套 / 年。根据网上公开报道，现代汽车已具备年产 3000 辆氢燃料电池车规模的基础设施，这在全球竞争公司中属于顶尖水平。在中国市场，现代汽车在 2019 年上海进博会上推出了面向未来的全新的氢燃料电池系统，并在上海和广州建成了氢能展示馆。

（2）现代燃料电池市场战略

目前现代燃料电池汽车 NEXO 销售市场主要在韩国和美国，并计划于 2021 年在印度德里地区上市。对于中国市场，现代在中国将选择具有代表性的四个地区——京津冀、长三角、珠三角和四川省重点推进，并以冷链物流为依托扩展燃料电池汽车业务。在具体车型规划上，现代计划从 2021 年下半年开始陆续进入中国市场，初期推出燃料轻型载货汽车，2023 年开始推进重型载货汽车，2025 年推进牵引车。载货汽车将采用"按时计费"运营方式。预计现代将通过零部件本地化和降低成本的措施来确保价格竞争力。

（3）燃料电池汽车产品规划

现代对燃料电池汽车的研发始于 1998 年，2000—2013 年现代汽车完成了三代氢燃料电池系统的研发，其燃料电池总成更是荣获"沃德十佳发动机"称号。目前现代已开发及在研的车型包括 ix35 FCEV、NEXO SUV、燃料电池轻型载货汽车、燃料电池重型载货汽车（4×2载货）。

4. 国内企业发展战略分析

截至 2019 年底，我国已有 41 家整车企业进入燃料电池汽车市场，提前抢占区域市场份额的竞争态势初显。总体来看，我国燃料电池汽车产业具有集群式发展的特点：长三角和珠三角地区发展较快，2019 年京津冀地区、湖北、山西等省份加快行动，整车企业在这些区域布局燃料电池汽车较为活跃。

1) 2019 年珠三角地区发展势头强劲，整车企业抢滩，重点布局广州市、佛山市南海区。

2) 长三角地区氢走廊规划以上海市为核心点，辐射周边城市，东风早在 2017 年就瞄准了上海市场，投放 500 辆 7.5 吨燃料电池物流车，目前服务于京东、德邦、申通等 21 家电商及物流企业。截至 2019 年底，这批燃料电池物流车的运营里程累计超过 1700 万千米。在该区域，本土企业的实力也不容小觑，上汽集团具有较为完备的研发和制造体系，并专门成立捷氢科技，自主开发适用于乘用车型的燃料电池系统，目前已推出荣威 950 FCV 和荣威 750 FCV 两款车型，引领我国燃料电池乘用车技术；上汽大通、申沃客车、上汽红岩三家车企则承载了燃料电池商用车研发及运营的重担；苏州金龙在 2019 年跃跃欲试，苏州首条氢燃料电池公交线路在张家港开通运营，标志着苏州金龙氢燃料电池客车进入批量化运营新阶段。同期，丰田与苏州金龙达成协议，向苏州金龙提供燃料电池组件。

3) 京津冀地区主要以北京市、张家口市为主要区域，目前北汽福田正在重点研发面向冬奥会环境的高速燃料电池客车项目。届时，这批客车在冬奥会期间将成为一道亮丽的风景线。值得一提的是，在该区域，宇通客车在燃料电池客车的开发与制造上较为扎实，是国内首家通过燃料电池商用车资质认证的企业，取得国内首个燃料电车客车公告，目前已开发四代燃料电池客车，2019 年销量 232 辆，较 2018 年的 57 辆增长 3 倍。

此外，一汽、东风、上汽、宇通、北汽福田等整车企业具有较强的产业链整合能力，带动燃料电池电堆、燃料电池系统等核心零部件企业不断升级，优化产业集群。随着政策环境成熟、产业链基础实力增强和加氢设施完善等，包括整车在内的产业链上下游跨区域协作，将成为我国未来燃料电池汽车市场的发展趋势之一。我国整车企业重点燃料电池汽车战略汇总见表 4-3。

表 4-3　我国整车企业重点燃料电池汽车战略汇总

企业	涉足年份	车型	规划
上汽	2006	荣威 950/750 燃料电池轿车 上汽大通 FCV80 轻型客车 申沃燃料电池客车 上汽红岩燃料电池自卸车	2018 年成立了捷氢科技进行燃料电池系统及其核心部件电堆、膜电极的产业化开发，率先应用在轻客、公交及重型载货车上。上汽大通布局车载储氢系统
中通客车	2015	9 米燃料电池客车 10 米燃料电池客车 12 米燃料电池客车	在山东开展运营，其控股公司潍柴动力布局固体氧化物燃料电池系统、质子交换膜燃料电池系统
长城	2018	大功率燃料电池乘用车	3 月加入国际氢能委员会。此外，长城计划于 2020 年展示首辆 FCV，在冬奥会上推出首支 FCV 车队，并计划在 2025 年推出大功率燃料电池乘用车 2019 年全面收购上燃动力，成立未势能源，准备在燃料电池系统、储氢等核心部件上发力
宇通	2008	第一代燃料电池客车 第二代 12 米燃料电池客车 第三代 8.5 米燃料电池客车 第四代 10.5 米燃料电池客车	2018 年，郑州市有 20 辆燃料电池客车上线运营，并开通首条燃料电池公交示范线路
北汽福田	2006	第一代燃料电池客车 第二代 12 米燃料电池客车 第三代 8.5 米燃料电池客车	联手丰田、亿华通，重点研发面向冬奥会环境的高速燃料电池客车项目；第四代氢燃料电池客车在 2020 年底可实现量产
长安	2010	发布"氢程"	入选联合国开发计划署和中国国防科技部促进中国燃料电池汽车商业化发展项目。2019 年建成长安新能源英国氢燃料电池技术创新中心
苏州金龙	2009	第一代燃料电池城市客车、海格 KLQ6129-GQH2	侧重燃料电池性能平台技术开发，将携手丰田展开合作
一汽	2018	燃料电池汽车	5 月宣布携手丰田加强在燃料电池汽车领域中的合作

5. 商业模式对比

除政策驱动以外，实现燃料电池汽车规模化推广，离不开商业运营模式的突破。目前，企业通过销售、租赁、政府采购等多种模式相结合，开拓燃料电池汽车的市场。

在国外市场上，丰田 Mirai 采用销售和租赁相结合的商业模式。丰田对每一位 Mirai 车主提供 3 年或 15000 美金的氢气加气卡，3 年或 35000 英里的免费车辆保养。在以美国加州等典型城市，丰田 Mirai 车主还将享受政府给予的 5000 美金补助及使用 HOV（高载客量通道）。丰田和现代积极开拓出租车市场，于 2015 年在法国巴黎投放 "Hype" 出租车，包括丰田 Mirai 和现代 ix35 燃料电池版。2019 年，巴黎燃料电池出租车数量累计 100 辆，2020 年计划增加到 600 辆。此外，现代汽车在美国开始了燃料电池汽车租赁项目，也支持了更广泛的交通行业，包括 FE 租车和汽车共享服务，未来计划在中国以租赁方式开展燃料电池物流车业务。本田、奔驰采用租赁模式推广燃料电池乘用车。本田除了销售以外，租赁模式主要面向市政府和企业，奔驰仅提供租赁服务，不直接销售。

我国燃料电池汽车集中应用在公交、物流领域，其中燃料电池公交车一般由政府集中采购，具有示范效应，如佛山、张家口、郑州、北京、济南、大同、成都、苏州、云浮、上海等城市均有不同规模的公交车投入运营。燃料电池货车主要应用于物流领域，适合发挥燃料电池续驶里程长的特点，京东物流、申通物流等物流公司近几年加快了采购运营燃料电池物流车的步伐。电商平台的青睐催生了更多新能源企业和汽车企业在氢能物流上的投入与重视。

4.1.5 市场发展趋势预测

按照各国路线图规划，中国、日本、韩国和美国市场的燃料电池汽车数量有望在 2025 年后进入高速增长期。德国、加拿大等国尚未有清晰的规划。主要国家燃料电池汽车保有量规划见表 4-4。

表 4-4 主要国家燃料电池汽车保有量规划　　（单位：万辆）

	2018 年（实际）	2020 年（规划）	2025 年（规划）	2030 年（规划）	2040 年（规划）
中国	0.6	1	48	256	428
日本	0.4	4	20	80	300～600
韩国	0.3	8.1/2022	10	—	620
美国	0.8	5/2022	20	530	—
德国	0.2	—	—	—	—
加拿大	0.2	—	—	—	—

注：各国氢能路线图整理。

商用车：据中国汽车工业协会预测，到 2035 年，我国氢燃料电池汽车将会形成近 500 万辆保有量的规模。基于燃料电池的应用特点及我国新能源汽车产业的发展形势，未来城际、高速、长途重载客货车等商用车将成为燃料电池的主流车型，保有量占比将远高于乘用车。我国新能源汽车结构预测如图 4-12 所示。

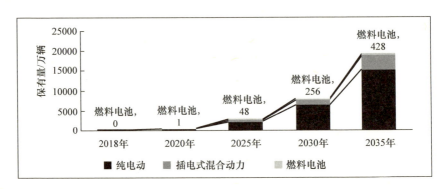

图 4-12　我国新能源汽车结构预测

4.2 2019年燃料电池汽车核心部件产业总体情况

4.2.1 燃料电池系统及核心部件发展情况

2019年我国燃料电池汽车市场持续走高,这给燃料电池电堆、燃料电池系统及核心部件产业的发展带来信心。近三年来,我国超过100家企业加入该产业中,技术快速进步,产业链逐渐完善。

1. 国内产业化情况

从整体来看,2019年我国燃料电池系统功率的国产化和批量应用规模明显提升,目前国内有企业已开发出功率为60~120kW的燃料电池系统样品。在核心部件方面,我国自主开发的空压机、DC/DC变换器基本实现量产,逐渐取代进口。增湿器和氢循环泵等关键部件的批量供应主要来自国外。燃料电池发动机产业化水平对比见表4-5。

表4-5 燃料电池发动机产业化水平对比

序号	核心部件	国内产业化状态	国外产业化状态	国内依赖情况说明	依赖程度
1	燃料电池系统	中小功率系统(约60kW)已经实现国产化,性能基本满足商用车需求	产品功率范围可覆盖到60kW及以下,且已实现产业化	国内已装车试用的>60kW燃料电池发动机多数依赖进口;进口依赖企业主要为:加拿大巴拉德、水吉能、丰田	基本实现国产化
2	氢循环泵	国内处于研发阶段,无量产产品	国外可以实现小批量供应	产品全部依赖进口 进口依赖企业主要为:德国普旭	批量供应完全依赖国外
3	膜增湿器	国内处于研发阶段,无相关产品	国外已实现产业化	产品全部依赖进口 进口依赖企业主要为:韩国Kolon、美国博纯	批量供应完全依赖国外
4	空压机	双螺杆式空压机已实现量产 主要企业有上海重塑、汉中精机、芜湖杰锋、佛山广顺、上海奕森、福建雪人等 离心式空压机尚处于研发阶段	螺杆式空压机和离心式空压机均实现量产	离心式空压机依赖进口 进口依赖企业主要为:美国霍尼韦尔、UQM、法国利波海尔	对国外的依赖程度不高,高端产品基本依赖进口,国内产品基本可用

（续）

序号	核心部件	国内产业化状态	国外产业化状态	国内依赖情况说明	依赖程度
5	DC/DC变换器	低功率产品（不大于90kW）已经量产。大功率产品已完成研发	产品功率范围可覆盖至114kW	≥90kW，且高集成度DC/DC变换器依赖进口，进口依赖企业主要为：德国Brusa	国内产品基本可用

目前，市场上常见的空压机类型有滑片式、螺杆式、离心式、涡旋式和罗茨式空压机等。其中涡旋式和双螺杆式空压机是主流技术路线，但由于涡旋式空压机体积较大，在车用产品上无法实现很好的布置方便性，逐渐被市场淘汰。目前主流应用的产品为螺杆式，下一步发展趋势是离心式，因此本文仅介绍了螺杆式空压机和离心式空压机的国内外产业化状态。

2. 核心企业发展情况

2019年，燃料电池系统及核心部件的本地化进程正在提速，国内企业达到100家，较2018年增加12家。其中，燃料电池系统公司增长较快，2019年有10家新公司投入燃料电池汽车的开发和运营。本地化关键材料部件企业规模见表4-6。

表4-6 本地化关键材料部件企业规模

年度	系统企业	电堆企业	膜电极企业	空压机企业	DC/DC变换器企业	统计
2018年	46	20	4	5	9	84
2019年	56	24	4	6	10	100

以地域分布来看，我国燃料电池系统及核心部件企业现已形成京津冀、长三角、珠三角产业集聚区。其中京津冀地区约有14家企业，长三角地区约有40家企业，珠三角地区约有23家企业。

我国燃料电池系统的核心企业包括重塑科技、亿华通、熊韬股份、江苏清能、潍柴动力、爱德曼、泰罗斯、新源动力、东方电气、上汽捷氢、上燃动力、恒动氢能（北京）等公司。2019年有一个重要信号，就是传统的发动机巨头加大了对氢燃料电池的投入，如潍柴动力投资Ballard和Ceres Power，康明斯投资Hydrogenics等，并都选择在中国建立研发中心，预计未来将有更多领域的企业和资本以转型升级、跨界等形式，进入燃料电池系统及核心部件产业，这是车用燃料电池系统自主可控、可持续发展的基础。国内燃料电池系统及核心部件代表企业见表4-7。

表4-7 国内燃料电池系统及核心部件代表企业

系统/零部件	企业名称	产品类型及特征
燃料电池系统	重塑科技	CAVEN系列燃料电池发动机应用于轻、中、重型商用车领域,包括32/46/80kW
	亿华通	G系列燃料电池动力系统产品(30~100kW)
	上汽捷氢	P390燃料电池系统,功率等级涵盖30~100kW
	爱德曼	30/35/40/60/80kW系列金属板燃料电池产品
	江苏清能	40/60/80/100kW燃料电池系统
	潍柴动力	60kW燃料电池系统
	恒动氢能(北京)	自主开发的1~120kW各类燃料电池动力系统
氢循环泵		—
氢回收系统	恒动氢能(北京)	根据需求可选择不同种类的氢气泵(无需连续循环)
膜增湿器	恒动氢能(北京)	自主专利技术的1~100kW各类增湿器
空压机	汉中精机	螺杆机方案,未经过系统批量装机验证
	芜湖杰锋	罗茨方案和螺杆机方案都在进行中,已完成模具件开发验证,样机小量试样中,未有大规模批量运行
DC/DC变换器	磐动电气	基于IGBT的52/90/110kW燃料电池车用DC/DC变换器已量产,基于SiC的DC/DC变换器已开发完成
	中车电动时代	基于IGBT和SiC的器件都在开发中,已实现小批量供货,功率在40kW左右
	欣锐科技	采用多个分立小电流SiC器件并联,系统效率较高,体积尺寸较小,产品已进行批量装车运行。功率为36kW左右

3. 国内外技术水平对比

评价燃料电池整体性能水平有三类技术指标:

1)电堆设计性能水平,包括功率等级、功率密度,工况条件、动态特性,耐久性、可靠性、寿命等。

2)系统控制的设计水平,包括系统可操控性、动态响应能力、动态控制性能、系统整体性能和效率等。

3)结构集成的设计水平,包括整体布局、空间利用率、工况适应的结构特性、控制线路排布、供排系统、可维护性等。

从技术角度来看，我国车用燃料电池发动机与国外的差距明显缩小。部分关键技术与国外相比存在一定的差距，高端产品依赖国外，但是也有一些国内企业正在将依赖国外变为自主创新。国内外燃料电池发动机的技术指标对比见表4-8。

表4-8 国内外燃料电池发动机技术的指标对比

燃料电池发动机及关键零部件	项目名称	单位	国内主流技术指标	国外主流技术指标
燃料电池发动机	额定功率	kW	70	60
	体积比功率	W/L	190	641
	质量比功率	W/kg	200	600
	低温启动	℃	−25	−30
	操作压力	bar	1.85	1.8
	系统寿命	h	4000	≥ 5000
氢循环泵	最大压力（表压）	bar	还在研发阶段，无产品，批量主要依靠国外技术产品	0.4
	最大流量	m³/h		18
	额定功率	kW		0.5
	平均输入/输出噪声	dB		68/73
膜增湿器	额定空气流速	标准 L/min	还在研发阶段，无产品，批量主要依靠国外技术产品	500 ~ 2500
	最大工作压力	MPa		—
	寿命	h		20000
	工作温度	℃		90
空压机	压比	bar	2	4.2
	转速	r/min	0.7万	10万
	噪声	dB	≤ 96	≤ 68
DC/DC变换器	功率等级	kW	36 ~ 60	114
	输入电压	V	90 ~ 180	240 ~ 370
	最大输出电压	V	420	650
	输入电流	A	330	470
	体积比功率	kW/L	1.6	8.7
	质量比功率	kW/kg	1.0	4

4. 成本分析

随着我国燃料电池系统技术的进步，产业链日趋完善，逐渐实现自主可控及规模的扩大，成本下降空间较大：

1）技术进步驱动成本下降，以空压机为例，2016年空压机售价在10万～20万/台左右，逐步实现国产化后，2019年成本已降至万元级别。

2）大规模生产驱动成本下降，以30kW燃料电池系统为例，2018年成本约1.4万元/kW，2019年市场规模增长近1倍，成本降至接近万元/kW。据测算，如果我国燃料电池汽车规模达到万量级，那么系统成本将下降1/4，这个目标预计到2022年有望实现；如果规模达到10万台，那么系统成本将下降一半，这个目标预计到2025年有望实现。燃料电池系统成本下降趋势如图4-13所示。

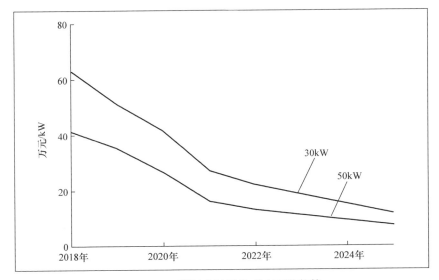

图4-13 燃料电池系统成本下降趋势

5. 未来燃料电池系统产品及零部件发展动向

国外大功率燃料电池系统相对成熟，实现了小型化、长寿命、低成本、大功率，适用于车载环境更为复杂的乘用车型。我国燃料电池产业处于培育期，已有30kW、50kW、60kW的型号，未来将生产80kW、

100kW、120kW 的型号，逐步满足商用车全系列的需求，并为乘用车的大规模推广奠定基础。

4.2.2 燃料电池电堆及核心部件发展情况

1. 国内外产业化发展情况

从技术角度来看，尽管国外电堆产品在单堆功率、寿命与可靠性等方面具有领先优势，但是近 3 年来我国加大了投入与自主研发，产品在性能上逐渐接近国外先进水平。当前我国燃料电池电堆功率在 70kW 以内基本实现国产化，也有部分企业开展百千瓦级别电堆的研发，并取得了一定的进展。在核心部件方面，我国在双极板材料的选择上与丰田的金属双极板有所不同，部分企业自主研发的燃料电池电堆采用石墨双极板，经过更新迭代，目前电堆整体性能接近金属双极板的解决方案。国内金属双极板处于研发试制阶段，部分公司已研制出车用燃料电池金属双极板并小规模示范应用。气体扩散层产品国内基础薄弱。催化剂已有多家企业可实现小批量制造与应用，但大批量产品应用仍依赖进口。质子交换膜方面，山东东岳正在进行产业化推进，但批量应用仍依赖进口。国内外电堆及核心部件产业化情况见表 4-9。

表 4-9 国内外电堆及核心部件产业化情况

序号	核心部件	国内产业化状态	国外产业化状态	国内依赖情况说明	依赖程度
1	电堆	国内燃料电池电堆已实现批量化生产，核心企业广东鸿力、神力科技、爱德曼、江苏清能、东方电气等装车量均处于世界前列，但目前电堆单堆功率和功率密度偏低，需进一步提升	丰田、本田、现代及巴拉德都已实现产业化，并在乘用车上批量化推广应用，电堆单堆功率较高，基本在 100kW 以上	基本实现国产（自主开发或技术引进），部分进口产品为加拿大巴拉德、EK、Powercell 等	基本可实现国产化集成
2	膜电极	国内已开始膜电极产业化建设，并形成小批量的生产能力，核心企业有广州鸿基创能、江苏擎动等	国外膜电极产业化基本是配套相应的电堆生产企业，如加拿大巴拉德、丰田、本田、现代等	部分国内企业宣布可实现量产，但工艺稳定性、车载耐久尚待验证	商业化的应用基本依赖进口，开发过程中的应用以国产为主

（续）

序号	核心部件	国内产业化状态	国外产业化状态	国内依赖情况说明	依赖程度
3	质子交换膜	国内山东东岳、江苏科润在开发燃料电池用质子交换膜，样品各项指标可以达到应用阶段，并可以小批量生产。	国外质子交换膜生产主要控制在戈尔、旭化成等公司，占据全球质子交换膜绝大部分市场	正在自主研究	商业化的应用基本依赖进口，国产有少量试用
4	气体扩散层	国内生产气体扩散层的企业很少	国外基本由日本东丽和德国西格里控制	正在自主研究	完全依赖
5	催化剂	上海唐锋、南科等多家企业在研发、试用	已实现量产	正在自主研究及应用验证	国产催化剂小批量试用
6	双极板	国内基本实现石墨双极板、金属双极板及复合双极板等双极板的产业化生产，如广东国鸿可以年产200万片柔性石墨双极板，上海治臻、深圳众为、常州翊迈可以批量化生产金属双极板等	国外双极板也都实现了产业化生产，如加拿大巴拉德产业化生产柔性石墨双极板、丰田、本田、现代可以批量化生产金属双极板	双极板基本可以不依赖进口，基本实现国产化	基本国产化

2. 国内外企业发展情况

考虑到技术先进性、专利保护、市场竞争等多种因素，丰田、本田、现代等国际汽车公司大多自行开发电堆，并不对外开放。专门供应车用燃料电池电堆的国外企业主要有加拿大的巴拉德（Ballard）和Hydrogenics，欧洲和美国正在运营的燃料电池公交车大多数采用这两家公司的电堆产品，已经经过了数千万千米、数百万小时的实车运营考验。其中采用加拿大巴拉德燃料电池电堆的燃料电池公交车单车实际运行超过3万小时，是目前全球使用时间最长的燃料电池。在产能方面，巴拉德和Hydrogenics均具备万台级产能，巴拉德还与广东国鸿/潍柴动力设立了合资企业，在中国建设年产20000台的燃料电池电堆生产线，现已进入批量化生产状态。

据统计，我国有20多家企业深耕燃料电池电堆及核心部件的开发与制造，除了原有的新源动力、神力科技、国鸿氢能、弗尔赛、江苏清能、氢璞创能、恒动氢能（北京）等公司外，2019年，包括长城汽车、潍柴动力、国电投、东方电气、中车等分别以自主开发或技术引进等形式进入燃料电池电堆行业。同时包括国鸿氢能、新源动力、江苏清能、氢璞创能等几家公司已经建立年产千台以上级别的燃料电池电堆生产线，但量产产品还是集中在中低功率的产品，寿命与可靠性也有待实际应用验证。

目前膜电极市场主要被国外几家企业占据，主流膜电极的供应商有美国戈尔、英国庄信万丰（JM）等。巴拉德以及丰田、本田等燃料电池乘用车企业自主开发了膜电极。国产膜电极性能与国际水平接近，但在批量化生产工艺、装备、寿命与可靠性等方面差距较大，国外已实现卷对卷的连续化生产。我国代表企业有新源动力、上海唐锋、鸿基创能、武汉理工氢电股份、苏州擎动科技、爱德曼、南通百应、广东泰极动力、科力远、安徽明天等。

质子交换膜的核心技术掌握在英国 JM、美国杜邦、美国戈尔和日本旭化成等几家外企手里，国内的东岳、上海交通大学等正在加强研究，其中东岳的膜产品已经进入奔驰的供应链体系。

在双极板国际市场上，欧、美、日的石墨和金属双极板整体上有一定先发优势，美、英复合材料双极板处于相对先进水平，但技术更新很快，中国正在迎头赶上。柔性石墨双极板的主要供应商为加拿大巴拉德公司，硬质石墨板的主流供应商有美国 POCO、英国 Bac2、日本 Fujikura Rubber LTD 等；金属板的主流供应商有美国 Dana、瑞典 CelliMPact、德国 Grabener 等；复合板的主流供应商有美国 ORNL、英国 Porvair 等。我国生产石墨双极板的企业包括广东国鸿、上海神力、上海弘枫、杭州鑫能、江阴沪江科技、淄博联强碳素材料、上海喜丽碳素等；生产金属双极板的主要企业包括上海治臻、深圳众为、常州翊迈。

气体扩散层目前多为日本东丽、加拿大 Avcarb、加拿大巴拉德、德国 SGL 等厂商的碳纸产品，其中东丽占据较大的市场份额。我国中南大学、武汉理工大学及安泰环境等研究机构和企业正在进行气体扩散层的研发，还未实现商业化。

3. 国内外技术水平对比

全球电堆产品类型比较集中，着重研发高比功率、高单堆功率、高寿命与可靠性、低成本的电堆，但在技术水平上，我国与国外产品的差距逐渐缩小。我国电堆石墨极板和金属极板都有，批量产品功率已达到 7kW，比功率在 1.5～3.1kW/L，丰田、本田、现代等国际汽车公司搭载的电堆比功率可达到 3.1kW/L，寿命 5000h。国内石墨板电堆技术，用于商用车的寿命约为 12000h；金属板电堆技术，用于乘用车的寿命可达 4000h。当前，国内企业正在寻求更优的解决方案，提升电堆的功率密度和寿命。在冷启动指标方面，国外可低于 -30℃，国内可低于 -25℃，2019 年部分产品可低于 -30～-25℃，工程应用待验证。

我国膜电极目前主要差距在于在性能上能满足电堆厂商的要求，但专业特性上（例如铂载量、启停、冷启动、抗反极等）与国际水平还有一定差距。国际水平为铂载量 0.2～0.3g/kW，乘用车用膜电极的使用寿命高于 5000h；国内技术目前达到铂载量 0.4～0.6g/kW，乘用车用膜电极使用寿命在 2000～4000h 范围内。

但是，实际耐久性等一系列参数还需要时间验证，导致大部分电堆厂商优先选择稳定可靠的国外膜电极；此外，我国膜电极的关键参数如铂载量还有进一步下降的空间。各公司的主要差异在膜电极的设计能力和制备技术。质子交换膜市场的主流产品是美国杜邦的 Nafion 膜和美国戈尔公司的复合膜，具有质子电导率高和化学稳定性点好的优点。质子交换膜厚度仅在 8～18μm，电导率（80℃，60%RH）高于 60mS/cm。无可厚非，国外质子交换膜技术成熟度较高，最高能量转换效率可达到 60%，体积功率密度可达 640W/L，质量功率密度可达 659W/kg……性能优越。国内东岳的膜技术目前处于批量试制阶段，厚度可达到 10～15μm。

气体扩散层的核心工艺在于碳纸的选材及技术。碳纸应满足材料多孔可控、导热及导电性优良，具备一定的机械强度、憎水性能以及高度防腐蚀。国内外电堆及核心部件的技术水平对比见表 4-10。

表 4-10　国内外电堆及核心部件技术水平对比

燃料电池发动机及关键零部件	项目名称	单位	国内主流技术指标	国外主流技术指标
电堆	功率	kW	42	114
	体积比功率	W/L	1800	3100
	质量比功率	W/kg	1500	2000
	低温起动	℃	-10	-30
	操作温度	℃	60	90
膜电极	铂载量	g/kW	0.4～0.6	0.2～0.3
	功率密度	W/cm^2	0.8～1.2	1～1.5
	乘用车使用寿命	h	2000～3000	>5000
质子交换膜	厚度	μm	10～15	8～18
	离子交换容量 IEC	meq/g	1.0～1.42	1.1～1.38
	电导率（80℃，60%RH）	mS/cm	≥60	≥60
催化剂	催化剂材料	—	Pt/C	PtCo 合金/C
	电化学比表面积	m^2/g	40～70	50～70
	质量比活性	A/mg	0.1	0.2
	膜电极中载量	mg/cm^2	0.3～0.4	0.2～0.3
	膜电极中催化剂耐久性	h	2000～3000	>5000
气体扩散层	厚度	mm	无	0.2～0.3
	密度	g/cm^3	无	0.4～0.45
	强度	MPa	无	16～18
双极板	导电率	S/cm	>100	>100
	抗弯强度	MPa	>25	>25
	腐蚀电流	μA/cm^2	<0.5	<0.5
	接触电阻	mΩ/cm^2	4	6

4. 成本分析

据统计，随着应用的推广、自主开发能力的提高以及产业链的日趋完善，我国电堆的成本将大幅下降。如果 2025 年规模实现 10 万辆，那么成本有望实现 1000 元 /kW 的成本。电堆成本下降趋势如图 4-14 所示。

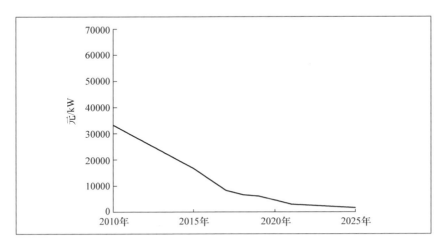

图 4-14　电堆成本下降趋势

5. 未来发展动向

（1）电堆：大功率、高比功率电堆。

目前我国大规模使用的燃料电池电堆的功率密度在 1.5kW/L 左右，对于空间不敏感的商用车而言，已经可以基本满足使用要求。但对于乘用车，当电堆的功率密度超过 3kW/L 时，才能够满足使用要求（例如丰田 Mirai）。同时开发高比功率的燃料电池电堆，有利于拓宽燃料电池的使用范围。

受技术创新和政策驱动等因素影响，国内大规模使用的燃料电池电堆的额定功率基本为 30 ~ 70kW。随着补贴政策的因素和大功率燃料电池系统的需求，各家公司正在逐步提高燃料电池电堆的额定功率，例如江苏清能、上海捷氢、国家电投、上海氢晨、恒动氢能（北京）等公司都推出了额定功率高于 100kW 的电堆样品。

（2）电堆产品升级路线

当电堆功率达到 80kW 以上时，基本可满足中型载货汽车的动力需求；当电堆功率达到 120kW 时，基本可以满足重型载货汽车的需求。燃料电池系统电堆升级时间表如图 4-15 所示。

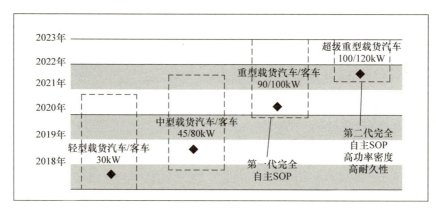

图 4-15　燃料电池系统电堆升级时间表

（3）膜电极：低铂载量，功能化膜电极，有序化膜电极

根据美国能源部（Department of Energy，DOE）规划，力争到 2020 年，膜电极实现功率密度 650 W/L，年产 50 万套，成本 40 美元 /kW，寿命 5000h。DOE 膜电极研究目标与国际现状见表 4-11。

表 4-11　DOE 膜电极研究目标与国际现状

技术指标	2015 年国际现状	DOE2020 年目标	DOE 长期目标
功率密度 /（W/L）	640	650	850
比功率 /（W/kg）	659	650	650
年产 50 万套成本 /（美元 /kW）	53	40	30
寿命 /h	5000	5000	8000
无协助冷起动温度 /℃	-30	-30	-30

当膜电极生产规模达到 10000 套 / 年后，催化剂成本将由铂的材料成本主导，因此降低催化层中的铂载量或者将铂催化剂替换非铂催化剂对于降低成本至关重要。通过优化膜电极的制备技术能够有效降低制备过程中铂的损失量。

巴拉德宣布和日纺织开发出采用非金属催化剂作为阴极催化层的膜电极；有序化膜电极已规模化生产。目前大部分有序化膜电极均处于实验室阶段，虽然它具有优异的性能，但是由于其独特的结构，目前并不利于大规模生产，需要在性能和生产规模之间作出一个平衡。

通过在催化层中加入不同的材料，使膜电极具备如抗反极、自增湿等功能，提高膜电极性能的同时降低系统所需要的附属部件。

（4）质子交换膜：提高薄膜化、降低失效

质子膜需要不断减薄以提升燃料电池性能，目前美国戈尔公司已开发出厚度仅为 $8\mu m$ 的复合增强膜。为了进一步提升燃料电池的性能，质子交换膜仍将不断减薄。在减薄的同时，为了防止膜发生破损，还需要提高膜的机械强度和耐化学稳定性，保证膜在燃料电池工作环境中不发生失效。

（5）双极板：石墨板轻量化和金属板耐久性为主，未来技术路线可期

由于短期内加氢站等基础设施还比较薄弱，燃料电池市场还是以燃料电池商用车为主（可以集中式管理，点对点运行）。而燃料电池商用车使用的第一指标是寿命，双极板寿命为双极板规模化应用的前提条件，因此短期市场还是以石墨双极板为主导。金属双极板技术已经实现小批量应用。

针对石墨板，需要不断改进使其功率密度提高，但在保证其机械强度、气密性的同时减薄其厚度是石墨板需要解决的问题。针对金属双极板，涂层耐蚀性、导电性和成本是接下来努力的方向，金属板的高比功率密度可以更好地满足乘用车的使用需求。总体来看，金属双极板和石墨双极板将共同推动氢能燃料电池市场化发展。

（6）催化剂：开发适用于工业生产的合金催化剂体系，实现公斤级催化剂生产工艺

提高合金催化剂的稳定性，解决过渡金属离子对质子膜的污染问题；

提高合金催化剂质量比活性的同时需保证较高的化学比表面；开发耐腐蚀的催化剂载体；优化载体微结构，提高催化剂利用率。

（7）气体扩散层：薄层化

需要不断减薄和减重燃料电池的相关材料来提高燃料电池的比功率，因此扩散层的开发方向是发展利于大气压下传质的高效超薄、孔隙率可控的气体扩散层。

4.2.3　车载储氢系统发展情况

1. 国内外车载储氢系统产业化发展现状

车载高压气态储氢系统产业成熟度较高、成本较低，是现阶段主要应用的储氢技术，其主要部件是高压储氢瓶和瓶口阀。液态储氢、固态储氢及有机液体储氢的密度最大，但成本较高，技术难度大，仍处于研究阶段。

车载高压气态储氢技术以铝内胆纤维缠绕（Ⅲ型）和塑料内胆纤维缠绕（Ⅳ型）为主。35MPa气态储氢瓶主要用于商用车，如公交车、物流车、叉车；70MPa气态储氢瓶主要用于乘用车，并开始在长途客车、重型载货汽车等车型上应用。国外燃料电池汽车基本采用质量更轻、成本更低、质量储氢密度更高的Ⅳ型瓶。我国主要使用Ⅲ型瓶，技术和产品成熟，已广泛应用于氢燃料电池商用车；70MPa气态储氢瓶目前正处于研发阶段，面临工艺落后、原材料成本高、安全性有待验证等困境。

我国35MPa瓶口阀已经实现自主生产，并占据相当的市场份额。70MPa级别的阀门技术要求高、制造要求高，目前尚依赖进口。70MPa级别的阀门预计2021年会有产品下线。

2. 当前国内外主要储氢系统企业发展情况

国外顶尖的车载储氢系统的技术掌握在日本、韩国、美国、欧洲等国家，代表企业有Hexagon、Quantum、通用、丰田和Dynetek等。

国内生产Ⅲ型储氢瓶的代表企业有国富氢能、科泰克、北京天海等企业，同时他们也在进行Ⅳ型瓶的研发。瓶口阀有上海百图、富瑞阀门和瀚氢动力等。国内高压气态储氢系统企业情况见表4-12。

表4-12 国内高压气态储氢系统企业情况

类型	企业名称	产品类型及特征	产品市场占有率	产能/(套/年)
Ⅲ型储氢瓶	国富氢能	铝管强旋双头瓶	30%	10000
	科泰克	铝管强旋双头瓶	30%	10000
	天海工业	铝管强旋	20%	—
	中材科技	铝板冲压单头瓶	10%	—
	斯林达	铝管强旋双头瓶	10%	—
Ⅳ型储氢瓶	无	无	无	无
瓶口阀	上海百图	35MPa	35%	20000
	富瑞阀门	—	35%	20000
	瀚氢动力	—	30%	10000

3. 当前高压气态储氢系统技术水平对比

我国目前的35MPa Ⅲ型瓶车载系统技术水平与国外保持一致，70MPa Ⅳ储氢瓶系统正在研究中。丰田2019年发布的新款Mirai燃料电池汽车，搭载70MPa的Ⅳ型储氢瓶代表了国际先进水平，碳纤维用量减少了40%，重量效率比原来提高了20%，质量分数达到了5.7%。国内外储氢瓶技术水平对比见表4-13。

表4-13 国内外储氢瓶技术水平对比

类型	项目名称	国内主流技术指标	国外主流技术指标
Ⅲ型储氢瓶系统	压力/MPa	35	35
	温度/℃	80	80
	储氢密度(%)	4	4
Ⅳ型储氢瓶系统	压力/MPa	无	70
	温度/℃	无	80
	储氢密度(%)	无	5.7

4. 车载储氢系统产品发展趋势及成本分析

根据美国能源部（DOE）提出的车载储氢技术研发目标——质量储氢密度为 7.5%、体积能量密度为 70g/L、一次加氢后续驶里程为 500km、操作温度为 40～60℃，未来，储氢技术会向着 DOE 目标发展，即更轻量化、高压力、大容量、低成本。同时采用两种储氢技术的复合储氢技术是未来的发展方向，如深冷高压储氢、吸附高压储氢等。其他新型储氢技术，如碳纳米管、石墨烯、有机骨架材料等纳米材料储氢也在不断发展。

结合我国车载储氢系统的实际情况，我国车载储氢系统技术路线将以 2020 年、2025 年和 2030 年为三个关键时间节点，以高压容器储氢为主要技术路线进行发展，以 35MPa 高压储氢为近期应用方案，70MPa 高压储氢为中期应用方案，低温液氢为远期应用方案，支持燃料电池汽车产业化应用。

（1）2020 年为车载储氢系统基本达到产业化要求的关键节点

在这个阶段，实现至少单瓶 5.6kg 级车载储氢能力，其中系统储氢压力达到 70MPa 的国际标准，质量储氢率达到 5.0%，体积储氢密度达到 35g/L，系统控制成本控制在 3000 元 /kg。突破低成本 70MPa 制造工艺，实现对关键材料和零部件（如碳纤维、减压阀等）的进口替代。

（2）2025 年为大功率乘用车燃料电池系统达到产业化要求的关键节点

在这一阶段，实现至少单瓶 6.0kg 级车载储氢能力，其中系统储氢压力达到 70MPa 的国际标准，质量储氢率达到 5.5%，体积储氢密度达到 40g/L，系统控制成本控制在 2000 元 /kg。实现 70MPa 储氢瓶批量生产，并成功开发出一体式瓶阀。

（3）2030 年为全功率乘用车燃料电池系统达到产业化要求的关键

节点

在这一阶段,实现更高密度的储氢技术,其中质量储氢率达到 7.5%,体积储氢密度达到 70g/L,系统控制成本控制在 1800 元 /kg。实现 70MPa 储氢瓶大规模生产,开发多功能集成瓶阀,并实现在液化储氢技术和有机储氢材料技术的突破。

4.2.4 国内外燃料电池及关键零部件标准现状及对比

我国在"十五"初期进行了燃料电池电动汽车的标准体系研究,截至目前,形成了包括燃料电池整车、燃料电池发动机、关键零部件以及车载储氢瓶的相关标准,涵盖了整车安全性、动力性、经济性等方面,满足了示范运营的需要。随着近几年国内燃料电池技术的发展和产业化的推进,新的标准制定需求不断出现,标准体系亟待进一步的完善和修订,比如 70MPa 储氢瓶技术要求、系统的冷启动试验方法、电堆的环境试验等要求都急需出台相应的标准进行规范。近两年我国加快了燃料电池相关标准的制修订并积极参与到国际标准的制修订中,比如 GTR13《氢和燃料电池车辆全球技术法规》(其中对安全性进行了全面的约束,确保燃料电池汽车安全性等级与传统汽车相当)的制定,以期在这一相对空白的领域发出中国声音,掌握标准的主动权。

国外目前发布燃料电池电动汽车相关标准较多的国家组织有美国汽车工程学会、国际标准化组织(ISO),欧盟针对燃料电池汽车的安全性、经济性等也有相关的标准出台。但从整体来说,受制于燃料电池汽车的商业化进展情况,国内外燃料电池电动汽车相关的标准体系尚不完善,特别是针对燃料电池发动机关键零部件、电堆系统及其关键材料的技术标准、测试标准等。国内外公开发布的标准见表 4-14。

表 4-14　国内外公开发布的标准

领域	国内标准	国外标准
整车	GB/T 24549—2009《燃料电池电动汽车 安全要求》 GB/T 26991—2011《燃料电池电动汽车 最高车速试验方法》 GB/T 34425—2017《燃料电池电动汽车 加氢枪》 GB/T 37154—2018《燃料电池电动汽车 整车氢气排放测试方法》 GB/T 35178—2017《燃料电池电动汽车 氢气消耗量 测量方法》 GB/T 37244—2018《质子交换膜燃料电池汽车用燃料 氢气》	UN GTR13《氢燃料电池车辆》 UN R134《关于批准机动车辆及其部件的氢能与燃料电池车辆（HFCV）安全相关性能的统一规定》 EC 79/2009《对氢能机动车辆型式批准并修改技术指令》 2007/46/EC《车辆型式批准框架指令》 ISO 23828：2013《燃料电池混合动力汽车能耗测量》 SAE J1766《电动和混合动力汽车电池系统碰撞完整性推荐规程》 SAE J2572《使用压缩氢气的燃料电池汽车排放、能耗和续驶里程测量方法》 SAE J2574《燃料电池汽车术语》 SAE J2601《压缩氢气车辆燃料加注通信装置》 SAE J2578：2014《燃料电池电动汽车一般安全推荐规程》 SAE 2579:2013《燃料电池和其他氢能源车燃料系统要求》 FMVSS 208《乘员碰撞保护》 FMVSS 214《侧碰撞保护》 FMVSS 223《后碰撞防护装置》 FMVSS 224《后碰撞保护》 FMVSS 301《燃料系统的完整性》
燃料电池发动机	GB/T 24554—2009《燃料电池发动机性能试验方法》 GB/T 35178—2017《燃料电池发动机 氢气消耗量测量方法》	SAE J 2579:2017《燃料电池和其他氢型车辆中燃料系统用技术信息报告》 SAE J 2617:2011《汽车用 PEM 燃料电池堆分系统性能试验推荐规程》 SAE J2594《质子交换膜电池系统回收》 SAE J2615—2011《汽车用燃料电池系统性能测试》 SAE J2722《质子交换膜（PEM）燃料电池堆耐久试验》
燃料电池核心零部件	GB/T 24347—2009《电动汽车 DC/DC 变换器》 GB/T 33978 — 2017《道路车辆用质子交换膜燃料电池模块》 GB/T 36288 — 2018《燃料电池电动汽车 燃料电池堆安全要求》 GB/T 2004 2.1—2017 质子交换膜燃料电池 第 1 部分：术语	无
储氢瓶	GB/T 34544—2017《小型燃料电池车用低压储氢装置安全试验方法》 GB/T 35544—2017《车用压缩氢气铝内胆碳纤维全缠绕气瓶》	ECE R134《关于批准机动车辆及其部件的氢能与燃料电池车辆（HFCV）安全相关性能的统一规定》 EU 406/2010《对氢能机动车辆型式批准并修改技术指令的执行指令》 SAE J 2579:2017《燃料电池和其他氢型车辆中燃料系统用技术信息报告》 FMVSS 304《压缩天然气车辆燃料箱的完整性》 UN GTR13《氢燃料电池车辆》 ISO 15869：2009《气态氢和氢混合物 地面车辆燃油箱》 ISO 19881：2018《气态氢 地面车辆容器》
其他	GB/T 34872—2017《质子交换膜燃料电池供氢系统技术要求》	SAE J2600《压缩氢气车辆燃料加注连接装置》 SAE J2719《燃料电池汽车氢气质量要求》

另外，燃料电池电动汽车的能量消耗量、续驶里程、低温冷启动、碰撞及动力性等试验方法的标准正在制定中。

4.3 2019年氢能供应体系建设情况

4.3.1 制氢发展情况

1. 全球制氢发展情况

据国际能源署的报告，2019年全球制氢年产量在7000万吨左右，中国每年产氢约2500万吨，占世界氢产量的1/3，是世界第一产氢大国。其中煤制氢、工业副产氢是我国主要的产氢方式，具体如图4-16所示。

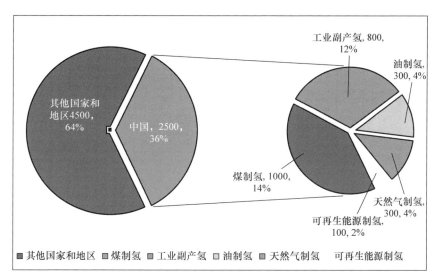

图4-16 全球及中国产氢量分析

由于氢气运输成本高，当前我国氢气产业主要集中在华东和华中地区，但山西等地近期也在积极拓展该产业。

2. 全球主要制氢企业分析

全球专门工业制氢企业有林德集团、美国空气产品化工公司、法国液化空气、壳牌、中国华昌化工、上海石化、浦江气体等。目前，国际四大企业集团占整个世界工业气体的大部分市场份额，且有集团化、跨国家全球扩张的发展趋势。

3. 制氢技术分析

目前，化工原料用氢气大规模制取主要有以煤炭、天然气为代表的化石能源重整制氢，商业化外供氢制取方式主要有甲醇制氢、天然气制氢、焦炉煤气、氯碱尾气提纯、电解水制氢等形式。沼气制氢开始应用，生物制氢和太阳能光催化分解水制氢等技术仍处于实验和开发阶段，产收率较差，尚未达到工业化规模制氢的要求。

其中，以煤、天然气为原料的重整是目前最主要的制氢方法，全球占比约为95%。国内主要以煤制氢为主，技术路线成熟高效，可大规模制备，是最经济的制氢方式（6~10元/kg），年供氢能力在千万吨级至亿吨级。国外以天然气制氢为主，天然气原料成本占制氢成本的百分比达70%，但考虑到我国"富煤、缺油、少气"的资源禀赋，仅适合少数地区探索开展。

4. 制氢成本分析

制氢成本见表4-15。

表4-15　制氢成本

制氢种类	制氢方式	能源价格	制氢成本/（元/kg）
电解水制氢	工商业电	0.8元/（kW·h）	58.7
	谷电	0.3元/（kW·h）	22
	可再生能源弃电	0.1元/（kW·h）	7.34
化石能源制氢	煤炭	550元/t	6~8
	天然气	3元/m^3	17
工业副产制氢		1元/标方①	11

① 标方是指标准状态下的1m^3天然气。

5. 未来发展预测

综合考虑经济性、技术成熟度、产业体制机制等因素，按照目前的发展趋势，中国近期将以工业副产氢为主，中长期以可再生能源电力制氢为发展方向。中国氢气供给结构预测如图 4-17 所示。

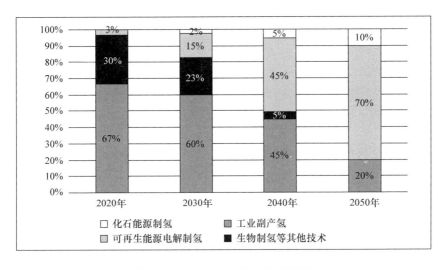

图 4-17 中国氢气供给结构预测

根据国际氢能委员会预测，交通运输将是氢能利用最重要的领域。2050 年，交通运输用氢能占氢能总消耗的占比达到 22%，氢能占整体终端能源消费的 18%。

4.3.2 储运发展报告

1. 储运发展情况

在国外，高压气态和低温液态储运氢已成功应用。我国高压气态储运氢已得到广泛应用，但仍处于低端状态，具体对比见表 4-16；而液态储运仅限于航天等领域的应用。

表 4-16　高压气态储氢发展对比

项目	国内	国外
站内高压气态储存压力 /MPa	45/90	92
长管拖车储氢瓶运输压力 /MPa	20	52

2. 主要储运企业

主要储运氢的企业有空气化工产品有限公司、法国液化空气集团、壳牌、BP、川崎重工、潞安集团、浦江气体、中集安瑞科、厦门钨业、杭州聚力氢能、武汉氢阳能源、北京浩运金能科技有限公司、安泰科技、常州春华新能源科技有限公司、巨化集团、中材科技股份有限公司、内蒙古稀奥科贮氢合金有限公司、北方稀土（集团）等。

3. 储运技术分析和成本分析

分析氢气运输的多种方法发现，管道运输和液氢运输的规模效益明显，而高压运输灵活性较强。未来大规模的氢气应用场景下，氢气管道、液氢储运、高压储运等方式相互支撑与互补、形成多元化的配送使用方式，氢输运方式的技术比较见表 4-17。

表 4-17　氢输运方式的技术比较

储运方式	运输工具	压力 /MPa	每车载氢量 /kg	体积储氢密度 / (kg/m³)	储氢质量分数（%）	能耗 / (kW·h/kg)	经济距离 /km	运输成本 / (元 /kg)
气态储运	长管拖车	20	300~400	14.5	1.0~5.7	1~1.3	≤ 150	2.02
		52	—					
	管道	1~4	—	3.2	—	0.2	≥ 500	0.3
液态储运	液氢槽罐车	0.6	7000	64	5.7~10	15	≥ 500	12.25

4. 未来发展预测

液态储氢具有储氢密度高等优势，是未来极具竞争力的储运方式。但接下来很长时间，高压气态和液态储氢形式将并存。不同储氢方式的占比预测见表 4-18。

表 4-18　不同储氢方式的占比预测

储存方式	2020 年	2030 年	2050 年
高压气态储氢	90%	75%	40%
液态储氢	10%	25%	55%

4.3.3　加氢站发展情况

1. 加氢站数量及规划

根据对加氢站的统计，2019 年全球加氢站累计 432 座，相比 2018 年新增 83 座，其中有 330 座加氢站对外开放，其余的站点则为封闭用户群提供服务，比如公交车或车队用户。其中欧洲加氢站已占到全球的 41%，亚洲追赶速度加快，占比与欧洲持平。从各国排名来看：日本、德国和美国位居前三位，中国排名第四。各国加氢站建设现状以及未来规划见表 4-19。

表 4-19　各国加氢站建设现状以及未来规划

国家/地区		2019 年	2020 年	2025 年	2030 年
日本		114	160	320	900
韩国		33	80	210	520
美国		74	100	320	—
欧洲	德国	87	—	400	—
	法国	26	—	—	400~1000
	英国	11	65	300	1150
	丹麦	10	15	185	—
	西班牙	6	20	—	—
	瑞典	4	14	—	—
	比利时	4	25	75	—

近两年来，我国在车辆推广数量增加的压力下，加氢站建设明显提速，目前建设加氢站 50 多座，已经投入运营的有 41 座，2019 年增加 20 座，有 6 个省份的加氢站首次投入运营。我国加氢站的具体分布和数量见

表 4-20 和表 4-21。

表 4-20　我国加氢站的数量

省/市/区	建成	运营	在建	招标
广东	4	10	15	1
上海		7	2	
江苏	1	4	4	
湖北		3	1	
山西		2		
山东	3	4	1	
辽宁	1	2	1	
新疆		1		
四川		1	1	
河北		1	5	
安徽		1	1	
台湾		1		
河南	1	1		
浙江		1	3	
北京		1	3	
内蒙古		1		
陕西			1	
广西		1		
总计	10	42	38	1

表 4-21　我国已运营加氢站

省市	加氢站	年份
北京	北京永丰加氢站	2006
河北	张家口亿华通临时撬装站	2018
四川	成都郫都区加氢站	2018
台湾	台湾微生物制氢加氢站	2018
河南	郑州宇通加氢站	2016
内蒙古	乌海化工加氢站	2019
新疆	乌鲁木齐集约式加氢站	2019
浙江	嘉善善通加油加氢站	2019
安徽	六安明天金安加氢站	2019

（续）

省市	加氢站	年份
山东	德州鲍庄村撬装站	2019
	邹城兖矿新能源基地撬装站	2019
	潍坊潍柴加氢站	2019
	聊城中通加氢站	2019
山西	大同氢雄加氢站	2019
	长治氢电油气综合能源站	2019
辽宁	大连同济-新源加氢站	2016
	抚顺沐海氢能兴京一号站	2018
江苏	常熟丰田加氢站	2017
	如皋南通百应加氢站	2018
	张家港东华能源加氢站	2019
	盐城创咏加氢站	2019
湖北	十堰加氢站	2018
	武汉中极加氢站	2018
	武汉雄众加氢站	2019
上海	上海嘉定区安智油氢合建站	2019
	上海嘉定区西上海油氢合建站	2019
	上海安亭加氢站	2019
	上海神力加氢站	2018
	上海电驱动加氢站	2018
	上海江桥嘉氢实业加氢站	2018
	上海驿蓝加氢充电合建站	2019
广东	佛山南海区瀚蓝松岗禅炭路加氢站	2019
	佛山南海区瀚蓝狮山桃园加氢站	2019
	佛山南海区樟坑加油加氢站	2019
	佛山禅城区佛罗路加氢站	2018
	佛山瑞辉加氢站	2017
	佛山三水区加氢站	2016
	云浮罗定加氢站	2019
	云浮思劳加氢站	2017
	中山沙朗加氢站	2017
	广州东晖加氢站	2019

随着国家政策的支持及地方政府的投入，我国加氢站建设会提速。预

计 2020 年超过 100 座，2025 年超过 300 座，2030 年超过 1000 座。

2. 主要国家加氢站类型分析

根据氢气的来源，加氢站可分为外供氢加氢站和内制氢加氢站。外供氢加氢站根据氢气存储方式的不同，又可进一步分为高压气氢站和液氢站。全球约 30% 为液氢站，且主要分布在美国和日本，而中国现阶段全部为高压气氢站。内制氢加氢站是在站内建有制氢系统，电解水制氢和天然气重整制氢技术由于设备便于安装、自动化程度较高，且天然气重整技术可依托天然气基础设施建设发展，因而在站内制氢加氢站中应用最多，欧洲站内制氢加氢站主要采用这两种制氢方式。在我国，由于内制氢气站要求必须在化工用地上建设，而各地规划的化工用地比较紧张，所以内制氢气站几乎没有。

3. 加氢成本分析

加氢成本见表 4-22。

表 4-22 加氢成本

氢气运输方式	压力 /MPa	每次加氢成本 / 元
高压气态运输	20	17
	52	7
液态运输	—	5

数据来源：AP 报告。

4. 加氢站相关企业情况

从国内加氢站投资方和建设方的背景来看，我国加氢站的建设运营模式与加油站和加气站的运营模式高度相似。加氢站的投资、建设和运营者即是加氢站的业主，用自有的氢源或外购氢源来维持加氢站运营，其上游的关联方是提供加氢站成套设备的供应商，而下游的关联方是燃料电池车辆的业主和运营方，也就是加氢站的客户。不排除上下游关联方偶尔会直接或间接参与加氢站的建设运营，但这不是主要的商业模式。加氢站相关企业见表 4-23。

表 4-23　加氢站相关企业

企业类别	企业名称（简称）
加氢站设备制造与集成（加氢站供应商）	上海舜华，国富氢能，液空厚普，四川金星，氢枫能源，安瑞科廊坊集成，派瑞华氢
面向社会运营的加氢站建设投资 （加氢站业主，自有氢气或外购氢气，是加氢站建设的中坚力量）	气体公司：法液空，林德，空气化工，浦江特种气体 燃气公司：佛山南海燃气，四川燃气，顺德兴顺燃气，广东联悦氢能，华润燃气，港华燃气，南海燃气（翰蓝新能源） 制氢和副产氢企业：华昌化工，东华能源 能源企业及其控股子公司：中石化，中石油，国电投，国家能源集团，美锦能源，金鸿控股，武汉众达石油，国杰物资，四周能源，浙能集团，广州联新（包括了从加油、发电、煤炭、可再生能源转型氢能的能源企业） 新势力建站企业：嘉氢实业，嘉化能源，国联氢能（这类企业主要是为了前期拉动市场而新成立的民营企业）
不面向社会运营的场内试验站建设 （一般不对外运营且不持续建站）	车企：丰田，宇通，中通，奥新汽车，西安新青年，东风特汽等 燃料电池电堆企业：亿华通，上海重塑，新源动力，上海神力，爱德曼，明天氢能，大洋电机，广东国鸿，武汉氢雄等 极个别的车辆运营企业：佛汽运输
消费氢气燃料的企业 （加氢站服务的客户）	车辆租赁运营企业：氢车熟路，上海驿动，氢力氢为等 各地公交公司：如公交车的业主

5. 加氢站商业模式

目前，国内中石化、中石油等油气企业正在密集考察与尝试摸索加氢站的商业模式，有意发挥自身的加油、加气站经营优势，通过合作、混建等形式尝试在原有加油站、加气站的基础上增加加氢基础设施，使站内具有加油、加气、加氢等多种功能的模式。2019 年 7 月 1 日，国内首座油氢合建站——中国石化佛山樟坑油氢合建站正式建成。这是全国首座集油、氢、电能源供给及连锁便利服务于一体的新型网点，日供氢能力为 500kg。

综上所述，现阶段，我国加注口氢气成本在 40～60 元 /kg。随着规模的应用、规章制度的突破以及液氢的应用等，未来氢气的成本有望低至 25～30 元 /kg，甚至 20 元 /kg。基于此，燃料电池汽车的使用成本有望大幅下降。

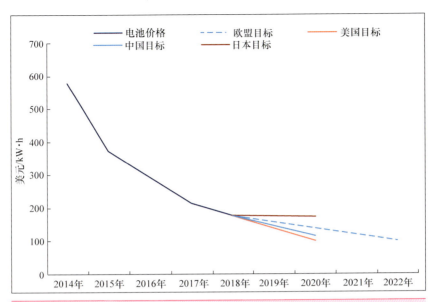

图 2-12　各国新能源汽车规划中针对电池价格的预测

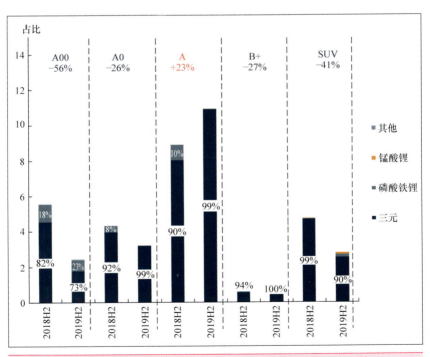

图 2-15　2018 年和 2019 年下半年软包电池在不同车型中的占比情况

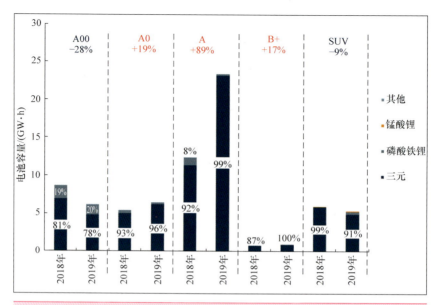

图 2-18　2018 年和 2019 年不同材料电池在各车型中的分布情况

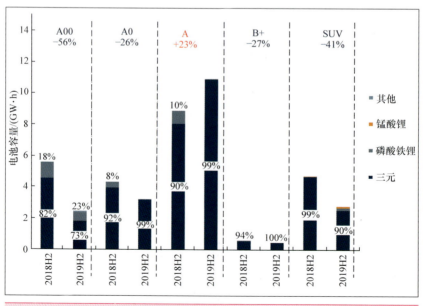

图 2-19　2018 年和 2019 年下半年不同材料电池在各车型中的分布情况

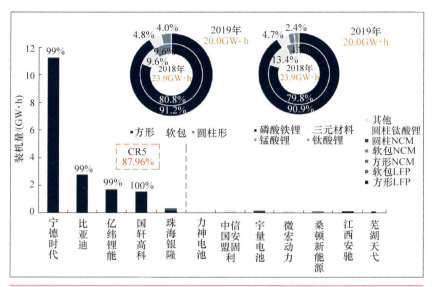

图 2-20　2019 年新能源乘用车用动力电池市场装机量情况

图 2-23　2013—2019 年我国不同车型领域配套动力电池企业数量

图 2-33 动力电池成本构成

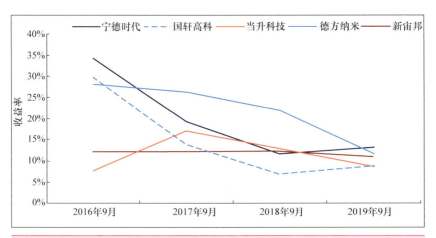

图 2-37 行业典型公司的净资产收益率（ROE）水平

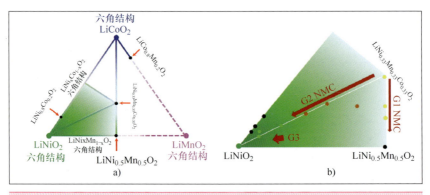

图 3-1 NMC 三元材料三角相图以及三角相图高镍区的放大